Achtsam leben

HEIKE MAYER

Hinfallen und aufstehen

An Fehlern wachsen

SCORPIO

Heike Mayer ist Achtsamkeitstrainerin, Seminarleiterin für Stressbewältigung durch Achtsamkeit (MBSR) nach Jon Kabat-Zinn, Heilpraktikerin für Psychotherapie und Therapeutin für die Arbeit mit inneren Persönlichkeitsanteilen (IFS-Therapie). Im Scorpio-Verlag sind ihre folgenden Bücher erschienen: *Achtsam leben; Das seh ich entspannt; Achtsamkeit: Gelassen leben in einer hektischen Welt* und *NOW: Achtsamkeit, Yoga und Vertrauen ins Leben* (gemeinsam mit Karin Furtmeier).
www.achtsamkeitstraining-muenchen.de

Die Fallbeispiele in diesem Buch entstammen realen Begebenheiten. Um die Privatsphäre der Betroffenen zu wahren, wurden persönliche Details verändert.

MIX
Papier aus verantwortungsvollen Quellen
FSC® C084279
FSC www.fsc.org

Umschlaggestaltung: Hauptmann & Kompanie Werbeagentur, Zürich
Lektorat: Désirée Schoen
Layout und Satz: Veronika Preisler, München
Druck und Bindung: Print Consult, München
ISBN 978-3-95803-242-2

www.scorpio-verlag.de

Inhalt

Einleitung: »Wie konnte das nur passieren!?«

Fehler geschehen in jedem Leben. Wir tun etwas, von dem wir zutiefst wünschen, wir hätten es nicht getan. Wir schätzen etwas nicht richtig ein und treffen eine Entscheidung, die sich anschließend als falsch oder ungünstig herausstellt und aus der sich negative Konsequenzen für uns oder andere ergeben. Wir scheitern bei einer Aufgabe oder setzen ein Projekt in den Sand. Dass so etwas passiert, ist menschlich und damit normal. Und doch schmerzt es, und es kann schwer sein, eine gute Form des Umgangs damit zu finden.

Unsere Leistungsgesellschaft liebt die Illusion von Kontrolle und Machbarkeit. In der Kultur des *Höher, schneller, weiter* ist Misserfolg nicht vorgesehen. Wenn wir bei etwas scheitern oder einen Fehler begehen, zumal wenn er schlimme Konsequenzen hat, ist die Fassungslosigkeit groß. *Das hätte nicht passieren dürfen!* Entsprechend massiv sind Scham und Schuldgefühle (oder aber das Gefühl, Opfer von Ungerechtigkeit geworden zu sein). Manchmal entsteht die Überzeugung, man werde nie wieder auf die Beine kommen oder sich das Geschehene nie verzeihen können.

Andere wiederum reißen sich zusammen und versuchen, das Erlebte möglichst schnell abzuschütteln. Sie tun, was viele wohlmeinende Mitmenschen (oder Ratgeber-Autoren) empfehlen: »Vergiss die Vergangenheit. Du musst jetzt einfach nach vorn schauen.« Doch weder depressives Versinken in der Überzeugung »Ich bin schuld und ein Versager« noch das Verdrängen des Schmerzes sind sinnvoll.

Stattdessen gibt es die Möglichkeit, Schicksalsschläge, begangene Fehler oder falsche Entscheidungen als Trittsteine für innere Entwicklung zu nutzen. Wir können Schritt für Schritt Enttäuschung, Kummer oder Schmerz verarbeiten und zurück in unsere Würde und Kraft finden. Doch dafür braucht es die Fähigkeit, das Erlebte ganz zu akzeptieren, zu betrauern und sich (oder anderen) zu verzeihen – und, wo angebracht, Schaden wiedergutzumachen. Wer Selbstverantwortung übernimmt, kann aus der Opferrolle und Schuldfalle aussteigen und durch diese Erfahrung neues Vertrauen ins Leben entwickeln und eine Kraft in sich spüren, von der er oder sie vorher nichts ahnte.

Letztlich geht es darum zu erkennen, dass unser Wert als Mensch nicht davon abhängt, was wir leisten, und dass wir nicht perfekt sein müssen. Wir dürfen hinfallen. Dieses Buch zeigt anhand von realen Beispielen – passenderweise nennt man diese ja *Fall*-Beispiele –, wie es möglich ist, sogar gestärkt aus solchen Erlebnissen hervorzugehen.

Ihren eigenen Weg finden

Der Grund, warum Sie sich für dieses Thema interessieren, ist notwendigerweise ganz persönlich und individuell, und ebenso unterschiedlich wird die Tragweite oder die emotionale Wucht dessen sein, was Sie erleben oder erlebt haben. Vielleicht haben Sie sehr hohe Ansprüche an Ihre Leistung, und jeder kleine Fehler quält Sie fürchterlich. Oder Sie (oder eine Ihnen nahestehende Person) sind mit einem beruflichen Projekt gescheitert. Vielleicht ist dabei ein Traum geplatzt, oder es fühlt sich so an, als ob Ihre gesamte Existenz unwiederbringlich in Scherben liegt. Möglicherweise haben Sie eine Fehlentscheidung getroffen, die schmerzliche Konsequenzen nur für Ihr eigenes Leben hat. Es könnte aber auch sein, dass Ihr Handeln Auswirkungen auf viele andere Menschen hatte.
Ich kenne Ihre Situation nicht, die Sie hat zu diesem Buch greifen lassen, und auch wenn wir uns das wünschen, so gibt es kein Patentrezept oder die eine Pauschallösung, wie man mit einer Krise umgeht, damit man sie möglichst schnell abschüt-

teln kann. Menschen und ihre Schicksale sind ebenso unterschiedlich wie das, was ihnen in ihren individuellen Lebenssituationen weiterhilft, und Veränderung und Heilung brauchen Zeit. Daher kann es beim Lesen geschehen, dass bestimmte Anregungen für Ihre Situation wenig zutreffend sind oder Sie sich fragen, wie Ihnen das denn bitte schön in Ihrer Lage nützen soll. Lassen Sie sich von den Aspekten inspirieren, die in Ihnen Resonanz erzeugen, und vertrauen Sie auf Ihr Bauchgefühl und Ihre innere Weisheit.
Mein Wunsch für die kommenden Seiten ist es, Perspektiven und Möglichkeiten aufzuzeigen, an die Sie bislang vielleicht noch nicht gedacht haben, oder Sie an etwas zu erinnern, was Sie möglicherweise aus dem Blick verloren haben. Mit Geschichten aus verschiedenen Weisheitstraditionen, Anleitungen zur Selbsterforschung und praktischen Übungen möchte ich Sie beim Umgang mit Selbstkritik und bei der Entwicklung von Fehlerfreundlichkeit, Akzeptanz und Selbstmitgefühl unterstützen. Impulse für Verstehen und Verzeihen können helfen, nach schwierigen Erfahrungen wieder aufzustehen, den Staub aus den Kleidern zu klopfen und zuversichtlich und gestärkt weiterzugehen.

Ich wünsche Ihnen von Herzen alles Gute.

1

Hinfallen dürfen

Vor einigen Jahren war ich mit meinen neuen Rollerskates unterwegs. Ich fahre ehrlich gesagt nicht besonders gut, und als der glatte Gehweg sich in eine kopfsteingepflasterte Ausfahrt verwandelte, reichten meine Technik und Koordination nicht aus, um einen Sturz zu verhindern. Schmerzhaft knallte ich mit dem Steißbein aufs Pflaster. Autsch!

Doch ließ ich mir nicht anmerken, wie weh das Hinfallen getan hatte. Als wäre gar nichts passiert, gab ich meinem Gesicht einen möglichst nonchalanten Ausdruck, rappelte mich rasch auf, stakste wieder auf den Gehweg und lief einfach weiter – obwohl nicht nur mein geprellter Steiß schmerzte, sondern auch die blutig geschrammten Handflächen, mit denen ich versucht hatte, den Sturz abzufangen. Der Radfahrer, der an mir vorbeifuhr, sollte bloß nicht merken, wie peinlich mir das Ganze war.

Vielleicht ist Ihnen eine solche Reaktionsweise vertraut?
Hinfallen. Das sollte mir nicht passieren! Ich habe gewandt und souverän zu sein und nicht hinzufallen, und wenn ich schon hinfalle, dann gilt es, die Schmerzen zu verbergen und weiterzumachen, als sei nichts gewesen. Bloß keine Schwäche zeigen. Bloß keinen Fehler machen. Bloß kein Aufsehen erregen. Bloß keine Unterstützung brauchen. Bloß nicht hilflos sein!
Oft sind es die Botschaften unseres familiären Umfelds, aus der Schule oder den Medien, die uns darin bestärken, die Zähne zusammenzubeißen und weiterzumachen, als sei nichts geschehen.

»Ein Leben, in dem du viele Fehler machst, ist nicht nur ehrenwerter, sondern auch lebenswerter als ein Leben, in dem du gar nichts machst.«

George Bernard Shaw

Die Diktatur des Gelingens

Als Menschen lieben wir Geschichten des Erfolgs. Wir identifizieren uns gern mit Siegern, sei es auf dem Fußballplatz, der Konzertbühne oder dem

Unternehmensparkett. Wir werden dafür gelobt, wenn wir etwas erreichen, gute Noten mit nach Hause bringen, die Besten sind. Natürlich möchten auch wir gewinnen, erfolgreich sein und souverän. Das fühlt sich so gut an!

In der Zeit sozialer Netzwerke vergleichen wir uns mehr denn je mit anderen, und entsprechend werden die inneren Ansprüche an uns selbst immer höher und die Kunst der Selbstdarstellung immer perfekter. Die Selfies, die gepostet werden, zeigen Menschen, die glücklich und so gut aussehend wie möglich in Szene gesetzt sind, vor der tollsten Kulisse, am schönsten Strand, beim aufregendsten Event. Auch wenn uns rational vielleicht bewusst ist, dass es sich dabei nicht um den ganz normalen Alltag der Betreffenden handelt, entsteht doch unterschwellig leicht der Eindruck, dass unser Leben im Vergleich dazu ziemlich schlecht abschneidet. Denn heute sind es nicht nur die Topmodels, die scheinbar schon morgens strahlend schön aus dem Bett aufstehen. Schließlich sorgen die Möglichkeiten der Bildbearbeitung in jedem x-beliebigen Handy dafür, dass der Teint auf den weiterverschickten Bildern ein bisschen strahlender und der Himmel ein bisschen blauer wird. *Da geht doch noch mehr!*

Selbstoptimierung ist gefragt. Wir sollten schlanker, attraktiver und erfolgreicher sein, tollere Sachen erleben, gesünder essen, uns öfter bewegen, und etwas mehr Achtsamkeit täte uns auch gut. Dann, so flüstern die Blogger und Zeitschriftenkolumnistinnen gemeinsam mit den Stimmen in unserem Kopf, wären wir auch erfolgreich. Und glücklich. Wir müssen es eben nur wollen. Wir müssen uns eben etwas mehr anstrengen.

Doch auch wenn wir es nicht wahrhaben wollen: Wir können nicht alles »machen«. Glück und Zufriedenheit entstehen nicht aufgrund von Erfolg oder gelungenen Inszenierungen, und auch mit noch so viel Willensstärke und Disziplin können wir das Leben nicht kontrollieren, damit alles perfekt läuft.

Wir scheitern.

Wir fallen.

Fehler passieren.

Menschen treffen falsche Entscheidungen.

Dinge gehen schief.

Unbequem, aber wahr.

Fehler sind menschlich

Fehler sind menschlich, und sie gehören zum Leben dazu. Das zu konstatieren ist keine Einladung zu ethischem Fehlverhalten, zu Nachlässigkeit oder einer Haltung, die die Grenzen, die Sicherheit oder das Wohlergehen anderer Menschen missachtet. Es besagt einfach, dass wir uns, auch wenn wir uns noch so anstrengen oder noch so gute Absichten haben, täuschen können. Dass wir falsche Schlüsse ziehen, etwas übersehen oder Umstände eintreten, mit denen wir nicht gerechnet haben. Es bedeutet, dass unter Umständen ein kleiner Lapsus schreckliche Folgen haben kann. Dass wir manchmal unsere Kräfte und Fähigkeiten falsch einschätzen oder unsere Prioritäten anders setzen, als es im Nachhinein betrachtet sinnvoll gewesen wäre. Wir scheitern an einer Aufgabe, erreichen unser Ziel nicht. Das geschieht. Auch wenn wir uns wünschen, es wäre anders – so ist es.

Interessanterweise fällt es gerade den Deutschen schwer, sich das einzugestehen. Der Psychologe Michael Frese verglich die Toleranz für Fehler in 61 Ländern, dabei landete Deutschland auf dem vorletzten Platz, nur noch gefolgt von Singapur.[1]

All das führt dazu, dass wir uns besonders hierzulande sehr für Fehler schämen, dass wir versuchen, sie vor anderen zu verheimlichen, und uns in Selbstvorwürfen ergehen – und dazu, dass wir Dinge, an denen wir scheitern könnten, oft erst gar nicht versuchen.

Wie die Angst vor dem Scheitern Träume verhindert

Ein Buch schreiben, ein Konzert geben, die eigene Leidenschaft zum Beruf machen – es wäre so schön. Doch was, wenn es nicht hinhaut? Was, wenn ich scheitere, wenn ich mich vor anderen lächerlich mache, wenn ich versage?
Wir leben wie nie zuvor in einer Leistungsgesellschaft. Überall werden uns die Erfolge der anderen präsentiert, wir werden an unserer *Performance* gemessen und erleben nicht selten, dass Menschen nach Misserfolgen an den Pranger gestellt werden. Die Internetkommentare sind voll von hämischen Kommentaren angesichts von Fehltritten und Peinlichkeiten. Die Gehässigkeit, mit der manche Menschen über einen Fußballspieler nach einem vergeigten Spiel schreiben, den sie gestern noch großartig fanden, lässt mitunter schaudern. »In kaum einem anderen Land der Welt«, befinden

die Journalistinnen Stefanie Kara und Claudia Wüstenhagen, »werden Misserfolge so sehr geächtet wie hier.«[2]

Vielleicht liegt Ihnen selbst ein solches Verhalten komplett fern, möglicherweise kennen Sie es aber auch von sich, dass Sie mit einer gewissen Schadenfreude reagieren, wenn bei jemand anderem etwas schiefläuft. Eine Frage, die wir uns stellen können, ist, ob wir an dieser Angst- und Beschämungskultur teilhaben wollen. Nicht zuletzt deshalb, weil wir damit auch zu einem Klima der Angst in uns selbst beitragen. Wer mit Abwertung auf andere schaut, die Fehler gemacht haben, beurteilt sich selbst wahrscheinlich ähnlich. Und er erwartet vermutlich auch, von anderen entsprechend behandelt zu werden, wenn im eigenen Leben etwas schiefgeht.

REFLEXION

- Wie schauen Sie auf andere, die eine Erfahrung des Scheiterns gemacht haben? Nicht nur im nahen Umfeld, bei Menschen, die Ihnen lieb sind – sondern auch bei Politikern, Prominenten oder unliebsamen Kollegen?
- Nähren Sie Häme oder Schadenfreude in sich oder können Sie mit Milde und Verständnis reagieren?

- Falls es Ihnen leichtfällt anzuerkennen, dass es normal ist, wenn andere Fehler machen – können Sie auch sich selbst einbeziehen in den Kreis der Menschen, die fehlbar sind und es sein dürfen?

Die Negativitätstendenz und ihre evolutionäre Logik

Der menschliche Geist hat eine eingebaute Tendenz, Negatives stärker zu bemerken als Positives. Der Neuropsychologe Rick Hanson formuliert das so: Angenehme Erfahrungen rutschen an unserem Geist herunter wie an einer Teflonbeschichtung, während Unangenehmes haften bleibt wie an einem Klettband.[3] Stellen Sie sich vor, Sie haben ein Feedbackgespräch mit Ihrer Chefin, die Ihnen Rückmeldung zu Ihrer Arbeitsleistung in den vergangenen Monaten gibt. Sie zählt fünf Dinge auf, die gut gelaufen sind, und eine, wo sie mit Ihrer Leistung unzufrieden war. Was geht Ihnen den Rest des Tages durch den Kopf, das Lob oder die Kritik?

Studien zufolge wirkt Negatives in unserer Wahrnehmung fünfmal so stark wie Positives! Evolutionär ist das auch nachvollziehbar: Wenn wir unsere Aufmerksamkeit besonders auf Probleme, Gefahren und Schwierigkeiten richten, dann können wir nach Wegen suchen, uns davor zu schützen. Da es der Evolution vor allem ums Überleben und nicht um innere Ruhe und einen heilsamen Umgang mit Fehlern geht, ist es sinnvoll, wenn unangenehme Erfahrungen mit besonders viel Aufmerksamkeit bedacht werden und stark in Erinnerung bleiben. Im Laufe der Menschheitsgeschichte war es bedeutsamer, ängstlich auf das Knacken im Unterholz zu lauschen, als dem wunderschönen Sonnenuntergang die volle Aufmerksamkeit zu widmen.

Diese angeborene Veranlagung, negative Eindrücke und unangenehme Informationen als wichtiger zu bewerten und stärker abzuspeichern als Positives, führt zu einer verzerrten Wahrnehmung: Einerseits neigen viele von uns zu einer Überbewertung dessen, was wir bei uns selbst als Fehler, Ungenügen oder Versagen empfinden, und andererseits bringen wir dem, was gut gelaufen ist, was wir Gutes beigetragen haben, unseren Leistungen und Errungenschaften oft wenig Anerkennung entgegen.

Besonders Frauen neigen dazu, Fehler dem eigenen Unvermögen zuzuschreiben. Wenn in einem Projekt etwas schiefläuft, nehmen sowohl Chefinnen als auch Mitarbeiterinnen schnell an, es wäre ihre Schuld, sie hätten eben etwas übersehen, eine falsche Entscheidung getroffen, sich nicht genug angestrengt etc. Hat hingegen alles gut geklappt oder sogar besser als erwartet, glauben sie häufig, das sei eben Glück gewesen oder günstigen Umständen zu verdanken – nicht aber ihrer eigenen Kompetenz und ihrem Einsatz.

Perfektionismus

Dass wir unsere Sache gut machen und unser Bestes geben wollen, ist grundsätzlich etwas Schönes. Das Streben nach Entwicklung, Verbesserung und Vervollkommnung gehört zur menschlichen Natur. Doch manche Menschen treiben diesen Drang so weit, dass sie (und oft auch ihr Umfeld) sehr darunter leiden. Daher unterscheiden manche Psychologen zwischen einem gesunden »funktionalen« und einem ungesunden »dysfunktionalen« Perfektionismus: »Der gesunde Perfektionist strebt danach, seine Sache gut zu machen. Er verfolgt seine Ziele gewissenhaft, freut sich über positive Ergebnisse, gesteht sich aber auch zu, auf dem Weg dahin nicht alles richtig zu machen. Fehler sind für ihn kein Weltuntergang, er kann loslassen und umdisponieren, wenn er merkt, dass ein Ziel nicht erreichbar ist. Der ungesunde Perfektionist dagegen ist abhängig von der Anerkennung durch andere und hat ständig Angst zu versagen. Er legt die Latte hoch, unabhängig davon, ob das Ziel überhaupt realistisch ist. Gleichzeitig hat er panische Angst, Fehler zu machen und den Erwartungen nicht zu genügen.«[4]

Das Problem entsteht häufig durch unsere Perspektive: nämlich dann, wenn wir denken, dass Fehlermachen dasselbe wie Versagen ist. Wenn wir insgeheim fürchten, dass eine Erfahrung des Scheiterns unseren Wert als Mensch mindert. Diese Sichtweise haben viele von uns früh eingeimpft bekommen, und sie zeigt sich häufig daran, wie wir über bestimmte Dinge denken, also an unseren Glaubenssätzen.

REFLEXION

Wie vertraut sind Ihnen die folgenden Gedanken?

- Am liebsten mache ich alles selbst.
- Es ist entsetzlich, wenn etwas nicht so läuft, wie ich will oder geplant habe.
- Es ist nicht akzeptabel, wenn ich eine Arbeit nicht schaffe oder einen Termin nicht einhalte.
- Ich muss immer für meinen Betrieb/meine Familie/meine Aufgaben da sein.
- Was sollen da die anderen von mir denken!
- Es ist wichtig, dass ich alles unter Kontrolle habe.

- Ich will die anderen nicht enttäuschen.
- Es gibt nichts Schlimmeres, als Fehler zu machen.
- Das hätte ich besser hinbekommen sollen.
- Auf mich muss hundertprozentig Verlass sein.
- Es ist schlimm, wenn andere mich kritisieren.
- Es ist wichtig, dass mich alle mögen.
- Es ist schrecklich, auf andere angewiesen zu sein.
- Ich muss immer alles richtig machen.

Wer große Angst vor Fehlern hat oder mit seiner eigenen Leistung nie zufrieden ist, ist oft (bewusst oder unbewusst) überzeugt, dass er von praktisch jeder anderen Person geliebt werden muss. Glauben Sie insgeheim, dass die anderen es nicht akzeptieren werden, wenn Sie eigene Wünsche, Bedürfnisse oder Grenzen haben? Versuchen Sie daher, es ständig allen recht zu machen?

Finden Sie, dass es eine Katastrophe ist, wenn die Dinge nicht so laufen, wie man sie haben möchte? Glauben Sie, dass es für jedes menschliche Problem eigentlich eine perfekte Lösung gibt und dass es schrecklich ist, wenn man die nicht findet?

Gibt es eine Seite in Ihnen, die überzeugt ist, dass Sie nur dann wertvoll sind, wenn Sie alles schaffen, immer volle Leistung bringen, stets tüchtig und kompetent sind und nie einen Fehler begehen? Falls derartige Denkgewohnheiten Ihnen sehr vertraut sind, ist der erste Schritt, sich klarzumachen, dass solche Überzeugungen nicht »die Wahrheit« sind. Es ist *eine* Perspektive, aus der man sich selbst und die Welt sehen kann, und zwar eine sehr schmerzhafte und lähmende. Aber durchaus nicht alle Menschen betrachten die Dinge von dieser Warte, und auch Sie müssen das nicht länger tun. An Ihnen ist nichts falsch, nur weil Sie einen Fehler machen. Bei etwas zu scheitern oder zu versagen macht niemanden zu einem Versager. Sie sind immer noch völlig in Ordnung, selbst wenn etwas schiefgeht.

Auch wenn perfektionistische Einstellungen in der Regel tief verwurzelt sind, ist es möglich, sie Stück für Stück zu erkennen, infrage zu stellen und zu verändern. Im Moment lautet die innere Schlussfolgerung vielleicht häufig: *Ich habe einen Fehler gemacht. Das hätte nicht passieren dürfen. Ich bin ein Versager. An mir ist etwas falsch.* Sie dürfen jedoch auch zu folgender Überzeugung kommen: *Ich habe einen Fehler gemacht. Das ist menschlich und normal. Mein Verhalten war nicht günstig, doch das ändert nichts daran, dass ich als Mensch okay bin. Ich schaue, wie ich jetzt am sinnvollsten mit der Situation umgehe, was es vielleicht braucht, um Schaden wiedergutzumachen, und was ich daraus lernen kann.*

Fehlertoleranz entwickeln

Viele von uns haben schon als Kinder gelernt, dass man für Fehler geschimpft, bestraft oder beschämt wird. Lief etwas in der Schule schief, kamen Erwachsene oft mit Vorwürfen daher, statt uns dabei zu unterstützen, es das nächste Mal besser zu machen. Auch in vielen Firmen herrscht eine große Angst vor Fehlern. Eine solche Unternehmenskultur fördert das Verheimlichen von Dingen, die schieflaufen, weil die Mitarbeiter Sanktionen fürchten. So wird verhindert, dass alle gemeinsam aus Fehlern lernen und sie als Entwicklungschancen sehen können.

»Unsere Fehlschläge sind oft erfolgreicher als unsere Erfolge.«

Henry Ford, US-amerikanischer Unternehmer

Gesunde Fehlerfreundlichkeit

Um gesunde Fehlerfreundlichkeit zu lernen, kann ein Blick in Jungunternehmen helfen, die sich weniger in klassischen Geschäftsfeldern, sondern in der digitalen Welt bewegen. Denn das Scheitern wird hier in der Regel bewusst mit einkalkuliert. Die Produktionszyklen sind kurz und schnell, und wenn die Beta-Version noch nicht ideal funktioniert, kann sie mittels permanenter Feedbackschleifen und Kundenrückmeldungen rasch verbessert werden. Flops lassen sich damit frühzeitig erkennen und aussortieren, die gut gehenden Angebote können laufend optimiert werden. *Fail early* lautet das Prinzip: Fehler früh machen und rasch daraus lernen. Es gibt sogenannte Fuck-up-Nights, in denen Gründer von ihren Fehlschlägen erzählen, und manche Unternehmen ermutigen ihre Mitarbeiter, Projekte vorzustellen, die so richtig gegen die Wand gefahren sind. Ziel ist, dass alle gemeinsam daraus lernen können.

Besonders bekannt geworden ist die Geschichte von PayPal-Gründer Max Levchin: »Das erste Unternehmen, das ich gegründet habe, ist mit einem großen Knall gescheitert. Das zweite Unternehmen ist ein bisschen weniger schlimm gescheitert, das dritte Unternehmen ist auch anständig gescheitert, aber das war irgendwie okay. Ich habe mich rasch erholt, und das vierte Unternehmen überlebte bereits. Nummer fünf war dann PayPal.« Wer Dinge falsch macht, kann lernen, wie sie richtig gemacht werden. Das erfordert jedoch die Perspektive, dass

Fehler gemacht werden dürfen, und den Mut, einfach wieder aufzustehen: Wer nicht wagt, der nicht gewinnt.

Eine angstvolle Haltung Fehlern gegenüber erstickt hingegen Entwicklung und Innovation im Keim. Anne M. Schüller, Managementdenkerin, Keynote-Speakerin und Bestsellerautorin, bringt es auf den Punkt: »Nur da, wo nichts passiert, passieren garantiert keine Fehler. Lernen ist ohne Fehler einfach nicht möglich. Sie sind der Preis für den Fortschritt. Denn wer sich nie verirrt, findet auch keine neuen Wege.«[5]

Das haben jedoch nicht erst die *digital natives* erkannt. Schon Thomas Edison, der US-amerikanische Unternehmer und Erfinder, dessen Name vor allem mit der Entwicklung des elektrischen Lichts verbunden ist, antwortete auf die Frage, wie er Hunderte von Fehlschlägen bei der Entwicklung der Glühbirne überstanden habe: »Ich bin nie gescheitert. Ich habe erfolgreich Wege eliminiert, die nicht zum Ziel führen.«

REFLEXION

Was haben Sie als Kind, als Jugendlicher, als junger Mensch über den Umgang mit Fehlern gelernt?

- Wurde bei Ihnen zu Hause vor allem geschimpft oder bestraft, wenn Fehler passierten?
- Wurden Sie auch einmal getröstet, wenn Sie aufgrund eines Missgeschicks oder eines Fehlschlags enttäuscht und entmutigt waren?
- Wurden Sie für Ihren Mut gelobt, wenn Sie etwas Neues ausprobiert haben, selbst wenn es nicht geklappt hat?
- Wurde Ihnen gezeigt, was Sie aus einem Fehler lernen können?
- Wenn Sie geschimpft wurden, hat man Sie dann lediglich für Ihr Verhalten kritisiert oder als ganze Person abgewertet?

War mein Verhalten falsch oder bin ich als Person verkehrt?

Die Art und Weise, wie Autoritätspersonen mit ungünstigem Verhalten von Kindern umgehen, hat große Auswirkungen darauf, ob wir uns lebenslang für Fehler schämen oder ob wir daraus lernen können. Hier eine kurze Anekdote, die den Unterschied verdeutlicht:[6]

Ein kleiner Junge lässt im Supermarkt einen Milchkarton fallen. Der zerplatzt, und ein Milchsee ergießt sich zu seinen Füßen. »Was hast du wieder angestellt, du dummes Kind!«, schimpft die Mutter.
Ein anderer Junge lässt ein Honigglas fallen. Auch das geht zu Bruch, und die klebrige Masse samt Glassplittern verteilt sich auf dem Boden. »Da hast du aber etwas angestellt«, tadelt seine Mutter.
Dem ersten Kind wird mitgeteilt, dass es dumm sei, dem zweiten, dass es einen Fehler gemacht hat. Das erste wird sich vermutlich dumm fühlen, das zweite wird wahrscheinlich lernen, Dummheiten zu vermeiden.

Zu erleben, dass Dinge eben manchmal schiefgehen und dass wir dennoch weder dumm noch Versager sind und davon auch nicht die Welt untergeht, ist eine wichtige Erfahrung, die wir möglichst früh in unserer Entwicklung machen sollten. So gibt es beispielsweise Anzeichen dafür, dass diejenigen Kinder, die beim Spielen hin und wieder stürzen, etwa beim Klettern, später seltener an Höhenangst leiden. Sie haben offenbar gelernt, dass es nicht gar so schlimm ist zu fallen.[7]
Niemand von uns hat sich allerdings den Erziehungsstil seiner Eltern oder die eigenen Erfahrun-

gen als Kind ausgesucht. Falls Ihr bisheriger Lebensweg nicht dazu angetan war, einen guten Umgang mit Fehlern zu lernen, dann ist jetzt ein wunderbarer Zeitpunkt dafür.

Was denken da wohl die anderen!?

Viele von uns leben in der beständigen Sorge, was wohl die anderen von uns denken. Wir trauen uns nicht, etwas zu tun, zu sagen, einen Fehler zu machen, etwas zu riskieren, weil ja jemand anderes dann etwas Schlechtes über uns denken könnte. Durch diese Sorge schränken wir uns beständig selbst ein. Wir meinen, das würden die anderen durch ihre Urteile tun, doch letztlich sind es vor allem unsere eigenen unnötigen Überzeugungen, die uns in einem Gedankengefängnis halten. Die Stäbe dieses Gefängnisses existieren jedoch nur in unserer Vorstellung, es gibt sie tatsächlich gar nicht – oder nicht mehr.

- Sie können überhaupt nicht wissen, was andere denken. Einen, zwei oder drei Menschen könnten Sie dazu konkret befragen, aber von anderen können Sie es schlicht und ergreifend nicht wissen. Sie zerbrechen sich den Kopf über etwas, auf das es keine Antwort gibt.

- Selbst wenn Sie es wüssten, kann es Leute geben, die finden das, was Sie tun, schrecklich, andere finden es großartig, anderen ist es gleichgültig. Sie können es nie allen recht machen. Das zu versuchen ist ohnehin zum Scheitern verurteilt.
- Der nächste Punkt ist vielleicht etwas erschreckend, jedoch: Den meisten Leuten sind Sie ziemlich egal. Die Menschen haben in der Regel genug mit sich selbst zu tun, und das, was andere machen, erhält vielleicht für ein paar Sekunden Aufmerksamkeit, doch dann ist es wieder vergessen. In der Regel erlebt sich jeder als Mittel- und wichtigster Bezugspunkt seiner eigenen Welt, während die anderen um ihn herum eher Statisten sind. Ob Sie verschiedenfarbige Socken anhaben, beim Rollerskatefahren hinfallen, sich im Restaurant von oben bis unten mit Bratensoße bekleckern – wie viele der Umstehenden werden sich wohl am nächsten Tag überhaupt noch an Sie erinnern?
- Und der wichtigste Punkt: Selbst wenn sie sich an Sie erinnern – *so what?* Ist es wirklich entscheidend, ob andere mit etwas, was Sie tun, nicht einverstanden sind? Ist es nicht viel entscheidender, wie Sie selbst dazu stehen? Möchten Sie Ihre Entscheidungen und Ihr

Handeln wirklich davon abhängig machen, was andere Menschen – von denen Sie die meisten noch nicht einmal kennen – möglicherweise über Sie denken könnten? Sie leben doch mit den Konsequenzen Ihrer Handlungen, nicht die anderen.

Wenn Sie sich häufig darüber sorgen, was man über Sie denkt, könnte es sein, dass Sie sich unbewusst von anderen eine Erlaubnis wünschen, die nur Sie selbst sich geben können: die Erlaubnis, das Leben zu führen, das Sie selbst für richtig halten. Ich erinnere mich an eine Kursteilnehmerin, die im Laufe eines Achtsamkeitstrainings bemerkte, dass manche Menschen in ihrem Freundeskreis kritisch darauf reagierten, als sie anfing, sich mehr Zeit für sich selbst zu nehmen. Denn anders als früher überlegte Lena nun zweimal, wenn jemand sie um einen Gefallen bat, statt wie früher grundsätzlich Ja zu sagen. Und manchmal hatte sie Lust auf einen Abend für sich, statt wie früher immer mit den anderen auf Tour zu sein. Wenn man sich auf eine solche Art und Weise verändert und selbstfürsorglicher wird und daher öfter auch mal Nein sagt, kann es passieren, dass anderen das nicht gefällt. Doch kann man sich fragen, ob man wirklich mit Menschen befreundet sein möchte, die nicht einverstanden damit sind, wenn man gut für sich selbst sorgt. Lena hat schließlich entschieden, dass sie selbst der wichtigste Maßstab für ihre eigenen Entscheidungen sein will, auch wenn sich dann manche Beziehungen verändern. So lernte sie Schritt für Schritt, auf ihren eigenen inneren Kompass und ihr Gefühl für Stimmigkeit zu hören, statt sich nach anderen zu richten.

Erkennen Sie an, dass Sie erwachsen sind und dass die Verantwortung für Ihr eigenes Leben bei Ihnen liegt. Sie dürfen darüber entscheiden. Es ist möglich, dass die eine oder andere Person nicht mit all Ihren Entscheidungen glücklich ist. Doch König bzw. Königin in Ihrem eigenen Leben sind Sie und niemand sonst: Sie führen Ihr eigenes Leben, Sie treffen Ihre Entscheidungen, Sie leben mit den Konsequenzen, nicht die anderen.

ÜBUNG

Auch mal das Gesicht verlieren

Wie in der folgenden Geschichte »Der schreckliche Riese« erscheinen uns oft Dinge furchteinflößend, die lediglich in unserer Vorstellung furchtbar sind. Dass gar nicht viel Schlimmes passiert, wenn man sich auch einmal blamiert, kann man wunderbar üben, indem man sich absichtlich zum Affen macht. Daher ist Ihre Aufgabe, einen Tag lang lauter Fehler und Peinlichkeiten zu begehen (die natürlich niemand anderem Schaden zufügen sollten). Sie werden merken, dass es mit der Zeit immer weniger schwer wird und schließlich sogar Spaß machen kann.

Hier ein paar Ideen: etwas anziehen, was überhaupt nicht zusammenpasst; absichtlich in die falsche Toilette im Restaurant gehen; sich in der eigenen Stadt mit Stadtplan an einen bekannten Platz stellen und einen Passanten nach dem Ort fragen, an dem man gerade steht; in einem Café plötzlich aufspringen, einen spitzen Schrei ausstoßen und sich wieder hinsetzen; auf der Straße für andere hörbar singen ...

(Mehr zum Thema Humor als Ressource finden Sie in Kapitel 3.)

DER SCHRECKLICHE RIESE

Es war einmal eine Stadt, die war von einer sehr hohen Mauer umgeben, und es gab nur ein Tor, um sie zu betreten. Eines Tages ließ sich ein schrecklicher wilder Riese direkt vor dem Tor nieder, sodass niemand mehr aus der Stadt heraus oder in sie hinein konnte. Sobald jemand in seine Nähe kam, schwang der Riese seine furchtbare Keule, sodass ein jeder zitternd zurückwich.

Schließlich entschied sich der König selbst, dem Riesen entgegenzutreten. Doch schon als er nur etwas näher kam, sprang der Riese auf und ließ sein donnerndes Ge-

brüll ertönen. Für einen Moment verließ den König der Mut, aber dann atmete er tief durch und tat einen weiteren Schritt auf den Riesen zu. Wieder brüllte der Riese furchteinflößend, doch der König ging weiter. Und dann bemerkte er etwas Seltsames: Je näher er kam, desto kleiner schien der Riese zu werden. Tatsächlich war der Riese, als der König schließlich vor ihm stand, nur mehr so groß wie sein kleiner Finger.
Der König kniete sich hin und setzte ihn auf seine Handfläche. »Wer bist du?«, fragte er. »Mein Name«, antwortete der klein gewordene Riese, »ist Angst.«

Sich Hilfe suchen

Wie schon zu Beginn angesprochen, können nicht alle Anregungen dieses Buches auf die Herausforderungen jeder Leserin und jedes Lesers passen. Und es ist ein bisschen wie bei einem Erste-Hilfe-Buch: Wenn Sie sich den Fuß verstaucht oder sich beim Kartoffelschälen mit einem Messer geschnitten haben, dann helfen Tipps aus einem Erste-Hilfe-Ratgeber meist gut – nicht jedoch, wenn Sie sich beim Holzhacken mit einer Axt die Hand abschlagen. Die Tipps verlieren deswegen nicht ihre Gültigkeit, aber in manchen Fällen braucht es andere, auch professionelle Unterstützung. Kürzlich wurde in der Zeitung von einem Großvater berichtet, der beim Traktorfahren seine geliebte Enkeltochter überfahren und getötet hat. Es können in einem Leben Fehler geschehen, bei denen es nicht darum geht zu wachsen, sondern darum, nicht daran zu zerbrechen, und es wäre vermessen anzunehmen, ein kleines Büchlein wie dieses könnte in einem solchen Fall viel ausrichten.

Sich in schweren Zeiten Unterstützung zu holen ist kein Zeichen von Schwäche, sondern von gesunder Selbstfürsorge. Vertrauen Sie sich jemandem an, wenn Sie nicht mehr weiterwissen. Sprechen Sie mit einem Freund, einer Freundin oder einer Person, die ausgebildet darin ist, Menschen in Krisen beizustehen, wie einem Arzt, einer Psychotherapeutin oder einem Seelsorger.

»Das muss ich schon allein schaffen!«

Sich einzugestehen, dass man Hilfe braucht, ist für viele von uns nicht leicht. Die Traumatherapeutin Dami Charf weist darauf hin, dass besonders diejenigen von uns glauben, sie könnten und müssten alles alleine schaffen, die zu selten erlebt haben, dass sie sich auf andere verlassen können. Oft haben wir dann schon von klein auf in der Familie die Erfahrung gemacht, dass Unterstützung ausbleibt.[8] So entstehen Glaubenssätze wie »Ich brauche niemanden, ich komme auch allein klar«, »Wer Schwäche zeigt, wird nur ausgenutzt« oder »Nur Verlierer bitten um Hilfe«. Die eigenen Bedürfnisse nach Verbindung zu anderen Menschen werden aus Angst, dabei enttäuscht zu werden, immer weiter unterdrückt, bis sie zuletzt kaum noch spürbar sind.

Mit einem solchen emotionalen Muster Schicksalsschläge, Erfahrungen von beruflichem oder privatem Scheitern oder Abstürze zu erleben ist dann ganz besonders schwer. Einerseits erscheint es kaum vorstellbar, Hilfe zu suchen und anzunehmen. Zugleich erleben die Betroffenen starke Gefühle von Scham und Selbstkritik, weil ihr mühsam aufgebautes Selbstbild von Autonomie, Stärke und Selbstständigkeit zusammenzustürzen droht.

Bitte machen Sie sich bewusst, dass es klug ist, sich Hilfe zu holen. Sie haben Unterstützung verdient.

2

Anerkennen und trauern

> »Ich weiß, dass du da bist, mein Schmerz,
> und ich will mich gut um dich kümmern.«
>
> *Thich Nhat Hanh*

Selbstfürsorge oder lieber Kopf hoch und weitermachen?

Wenn wir in einer Krise stecken, mit einer Niederlage, Scheitern oder einem Fehlschlag zu kämpfen haben, raten andere Menschen nicht selten etwas in dieser Richtung:

Kopf hoch, das wird schon wieder.
Was passiert ist, ist passiert, daran kannst du jetzt auch nichts mehr ändern, also hör auf, darüber nachzugrübeln. Denk lieber an die Zukunft.
Lass das Ganze hinter dir, du musst jetzt nach vorn schauen.

Gelegentlich mögen solche Vorschläge vielleicht helfen. Doch wenn es sich um ein Erlebnis handelt, das uns wirklich belastet, werden wir damit nicht weit kommen.
Man kann das vergleichen mit dem Sichschließen einer Wunde. Stellen Sie sich vor, Sie sind gestürzt. Haben Sie sich dabei eine oberflächliche Schürfwunde zugezogen, schließt diese sich in der Regel schnell. Es bildet sich etwas Schorf, und darunter wächst neue Haut. Die Wunde heilt ganz unkompliziert. Doch nehmen wir an, der Sturz war heftiger, vielleicht auf Schotter. Die Wunde ist tief, kleine Schmutzpartikel haben sich hineingegraben, und durch die Verunreinigung breiten sich Bakterien aus. Wenn Sie sich nun nicht weiter um die Wunde kümmern, sie nicht säubern und gut versorgen, sondern hoffen, dass die offene Stelle rasch zuwächst und Sie wieder zur Tagesordnung übergehen können, wird vermutlich Folgendes geschehen: Um die Blutung zu stoppen und die schmerzende und nicht länger von Haut geschützte Stelle unempfindlicher zu machen, wird der Körper die Wunde, so gut es geht, schließen. Doch unter der geronnenen Wundflüssigkeit bildet sich Eiter, da sich die Verunreinigung entzündet. Je länger Sie diesen Umstand ignorieren, desto stärker wird die Entzündung und desto mehr Schmerz

geht damit einher. Und dann wird Ihnen nichts anderes übrig bleiben, als zu akzeptieren, dass die Wunde da ist und Aufmerksamkeit braucht.

Lassen Sie uns noch einen Moment bei dieser Metapher der Wundheilung bleiben. Hilft es weiter, sich darüber zu ärgern, *dass* Sie gestürzt sind? Oder bekommt die Wunde das, was sie braucht, wenn Sie darüber grübeln, wie Sie den Sturz hätten verhindern können? Oder wie Ihre eigene Ungeschicklichkeit dazu geführt hat? Oder aber wie jemand anderes daran Schuld hatte? Oder warum Sie ausgerechnet *diese* Straße entlanggegangen sind?

Alles Hadern oder Grübeln nützt für die Wundheilung gar nichts, denn nun geht es darum, die schmerzende Stelle angemessen zu versorgen. Sicherlich tun Sie gut daran, sich später zu überlegen, was helfen könnte, einen ähnlichen Sturz in Zukunft zu vermeiden. Sie könnten in einer ruhigen Minute die Umstände genauer betrachten, die dazu geführt haben, und analysieren, wie sich ein solches Ereignis künftig umgehen lässt. Doch erstens lassen sich Stürze auch mit noch so viel Vorausplanung nicht grundsätzlich verhindern – weder die, die auf einem vereisten Gehweg passieren, noch die, die im übertragenen Sinne in unserem Leben geschehen –, und zweitens hilft es wie gesagt dem Schmerz und der Wundheilung aktuell überhaupt nichts. Doch die sind es, die im Moment vor allem Ihre Aufmerksamkeit brauchen.

Sich zuwenden statt sich abwenden

Wenn Sie aktuell mit schmerzhaften Gefühlen von Versagen, Enttäuschung, Hilflosigkeit, Scham oder Schuld zu tun haben, gibt es kein Rezept, mit dem solche leidvollen Erfahrungen einfach verschwinden werden. Auch in diesem Buch werden Sie keine finden, so leid es mir tut. Ablenkung und Verdrängung funktionieren nur kurzfristig und führen manchmal bis in eine Depression, und Mittel wie Alkohol, Medikamente oder andere Drogen sorgen vielleicht dafür, dass wir uns eine Zeit lang besser fühlen, doch kommen die Gefühle mit dem Nachlassen der Wirkung meist umso heftiger zurück, und der fortgesetzte Gebrauch solcher Substanzen beschert uns die enormen zusätzlichen Schwierigkeiten einer Abhängigkeit.

You have to feel it to heal it

Ist unsere gegenwärtige Erfahrung leidvoll, versuchen wir in der Regel verständlicherweise, die Gefühle möglichst schnell loszuwerden. Leider scheint das unsere Schwierigkeiten meist noch zu verstärken, denn wenn der Schmerz bereits da ist, verschwindet er nicht davon, dass man wegschaut. Wir können nicht auf sinnvolle, heilsame Weise mit etwas umgehen, solange wir versuchen zu ignorieren, dass es überhaupt da ist. Unser Leid hört davon nicht auf, es verlängert sich nur.

Wie auch immer Ihre konkrete Situation aussieht – schmerzliche Erfahrungen zu machen ist zutiefst menschlich. Es gehört zu unserem Menschsein, Kummer, Trennung, Enttäuschung, Misserfolge und Fehlschläge zu erleben. Dem Schmerz, der damit einhergeht, kann niemand von uns ausweichen. Auf das Ausmaß des Leidens, das daraus folgt, haben wir jedoch Einfluss. *Ob wir Wege finden, mit dem Kummer umzugehen und das Erlebte zu integrieren und zu verarbeiten oder ob er sich in als unerträglich erlebtes Leid verwandelt, das uns allen Lebensmut raubt, hat erstaunlicherweise entscheidend damit zu tun, wie viel Widerstand wir dem entgegenbringen, was wir erleben. Je mehr wir gegen den Schmerz ankämpfen, umso stärker leiden wir darunter. Wollte man es wie eine Formel auf den Punkt bringen, könnte man sagen:*

Leid = Schmerz x Widerstand

Nehmen wir an, Ihr Kummer und Ihre schmerzlichen Gefühle liegen auf einer Skala von 1 bis 10 bei 9 und Sie bringen diesem Zustand maximalen Widerstand (10 von 10 Punkten) entgegen. Dann intensiviert sich das Leid von 9 auf 90 Zähler. Wenn wir unseren Schmerz jedoch annehmen und gestalten, können wir das Leiden massiv verringern. Für viele scheint das jedoch erst einmal ihrer Intuition zu widersprechen, und das ist nicht verwunderlich. Wir wollen den Schmerz verständlicherweise betäuben. Doch damit etwas heilen kann, müssen wir es überhaupt erst einmal fühlen. Die schmerzlichen Empfindungen bleiben zwar erst einmal bestehen, wenn wir uns erlauben, sie wirklich wahrzunehmen. Wir werden jedoch weniger daran leiden, und sie werden sich leichter verändern können.

Der amerikanische Meditationslehrer Jack Kornfield meint dazu: »Oft verfolgen wir anfangs die Strategie, einfach davonzulaufen, bis wir feststellen, dass die Probleme uns folgen. Eine der besten Methoden, sich von den Wirkungen [schmerzlicher Erfahrungen] zu heilen, besteht darin, sich dem zuzuwenden, was in uns verwundet ist. Wenn wir uns diesem verletzten, problematischen Aspekt fürsorglich und furchtlos zuwenden, bieten genau diese Umstände uns oft wichtige Erkenntnisse und sogar überraschende Geschenke, die unser Leben verwandeln.«[9]

Eine sinnvollere Möglichkeit, als sich von Schmerz abzuwenden, kann es also sein, sich ihm sanft zuzuwenden, auch wenn uns das im ersten Moment überwältigend oder erschreckend erscheint. Doch der Schmerz ist da, ob Sie wollen oder nicht, und um sich gut um ihn zu kümmern, müssen Sie sich ihm auf eine weise Art widmen.

DIE WISSENSCHAFT DES NICHT-DAVONLAUFENS

Studien belegen, dass Menschen, die lernen, mit unangenehmen Erfahrungen präsent zu bleiben, statt zu versuchen, sich davon abzulenken, sie zu unterdrücken oder zu bekämpfen, weniger Stress und Unwohlsein erleben.

Alleine schon der Vorgang, eine unangenehme Erfahrung achtsam und sachlich zu beschreiben, kann Stress verringern. In einer Studie wurden Menschen mit Spinnenangst gebeten, auf eine lebende Tarantel zuzugehen und sie zu berühren. Die Teilnehmer wurden dafür in drei verschiedene Gruppen eingeteilt: In der ersten wurden die Versuchspersonen aufgefordert, sich selbst Mut zuzusprechen, während sie auf die Spinne zugingen, während die zweite Gruppe sich währenddessen ablenken sollte. Eine dritte Gruppe wurde gebeten, die eigene Angst anzuerkennen und sich ihr zuzuwenden, zum Beispiel mit Worten wie: »Ich habe Angst vor dieser großen hässlichen Spinne.« Die Teilnehmer dieser dritten Gruppe – diejenigen, die offen und präsent für ihre Angst blieben – kamen näher an die Spinne heran und fühlten sich von der Erfahrung am wenigsten aufgewühlt.

Ähnliches lässt sich bei Rauch- oder Drogenentwöhnungsprogrammen beobachten: Die besten Ergebnisse erzielen neuesten Studien zufolge die, in denen die Teilnehmer lernen, ihren Drang nach der Zigarette oder der Droge achtsam wahrzunehmen und mit den körperlichen und emotionalen Begleiterscheinungen präsent zu bleiben, statt zu versuchen, sich davon abzulenken, sie zu vermeiden oder zu bekämpfen. Sogar Menschen, die mit chronischen Schmerzen leben müssen, machen diese Erfahrung: »Wenn sie sich ihrem Schmerz sanft zuwenden, berichten Menschen, dass sie ihn weniger heftig erleben und dass ihr Widerstand dagegen in der Regel abnimmt«, schließt der britische Achtsamkeitslehrer Ed Halliwell nach eingehender Analyse aktueller Studien.[10]

Sich erden und stabilisieren

Die Praxis der Achtsamkeit ist eine gute Möglichkeit, um zu lernen, angesichts von Kummer und Schwierigkeiten präsent zu bleiben. Man könnte Achtsamkeit auch als »mittleren Weg« bezeichnen: weder kopfüber in die schwierigen Gefühle hineinstürzen und darin untergehen noch sie verdrängen, sich ablenken oder damit hadern. Achtsamkeit meint, wach und präsent mit dem anwesend zu sein, was wir gerade erleben, ohne es zu bewerten oder loswerden zu wollen. (Mehr zu diesem Thema finden Sie in meinem Buch *Achtsam leben*, das ebenfalls in dieser Reihe im Scorpio Verlag erschienen ist.)

Damit wir beginnen können, uns unseren stürmischen Gefühlen zuzuwenden, brauchen wir ein Stück Stabilität, um nicht von ihnen mitgerissen zu werden. Achtsames Atmen und eine geerdete Körperhaltung unterstützen dabei, sich zu stabilisieren. Auch innere Bilder wie das eines tief verwurzelten Baumes können helfen.

Die Übung auf der nächsten Seite stellt Ihnen eine Möglichkeit vor, wie Sie damit mehr in Ihre eigene Mitte finden können.

ÜBUNG

Stabil wie ein Baum

Eine Empfindung von Präsenz, Stabilität und ruhiger Würde hat viel mit der Körperhaltung zu tun. Wir können sie im wahrsten Sinne des Wortes einnehmen und so verkörpern. Setzen Sie sich auf einen nicht zu weichen Stuhl und finden Sie eine aufrechte Haltung, die sich geerdet anfühlt und Ihnen ein Gefühl von Ruhe und Klarheit vermittelt. Die Fußsohlen stehen stabil auf dem Boden. Die Wirbelsäule ist aufgerichtet, ohne steif zu sein, der Scheitel Ihres Kopfes ist zur Decke ausgerichtet. Finden Sie einen guten Platz, wo die Hände liegen können, damit sich die Schultern entspannen und etwas nach hinten unten sinken. Lassen Sie Raum im Brustkorb entstehen, indem Sie sich vorstellen, das Brustbein würde diagonal nach vorne oben weisen. (Alternativ können Sie auch liegen. Geeignet ist eine stabile, nicht zu weiche Unterlage, oder Sie legen sich ins Gras auf die feste, stabile Mutter Erde.)

Während Sie schmerzliche Gefühle erleben, gleicht Ihr Kopf einem Baumwipfel inmitten eines Sturmes. Wenn Sie einen sturmgepeitschten Baum betrachten, dann sehen Sie, wie der Wind die Äste hin und her schleudert, und es macht vielleicht den Eindruck, dass er dem Sturm nicht standhalten wird. Wenn Sie von einem heftigen Gefühl erfasst werden, fühlen Sie sich möglicherweise wie dieser sturmgeschüttelte Wipfel. Hier oben zu verweilen ist ungünstig. Lenken Sie Ihre Aufmerksamkeit stattdessen

hinunter zum Stamm des Baumes, zu einem Bereich, wo Stabilität und Sicherheit spürbar sind. Während Sie tief ein- und ausatmen, spüren Sie das Heben und Senken Ihrer Bauchdecke. Bleiben Sie in dieser sitzenden (oder ggf. liegenden) Position so auf Ihren Atem konzentriert wie ein Mensch, der den tragenden Grund der Erde unter sich spürt. Wenn Sie auf diese Weise achtsames Atmen praktizieren, werden Sie immer besser in der Lage sein, auch in schwierigen Momenten präsent und stabil zu bleiben.
(Diese Übung basiert auf einer Anleitung des vietnamesischen Zen-Meisters Thich Nhat Hanh, einem der bekanntesten Achtsamkeitslehrer weltweit.)

So hat es auch Meike erlebt, die mit dem Scheitern ihrer Ehe zurechtkommen musste. Nach 22 Jahren stand sie vor den Scherben ihrer Träume. »Es war ein Meilenstein, als ich mich das erste Mal in einem verzweifelten Weinkrampf erinnern konnte, dass der Schmerz abebben wird. Zu erkennen, dass auch dieser Zustand vergehen wird, hat mir unendlich geholfen. Zu erkennen, dass ich nicht Opfer bin, sondern Schöpfer meiner Welt, dass ich sie mit meinen Reaktionen auf das, was mir geschieht, gestalte. Das brauchte enorme Geduld, die ich natürlich so manches Mal verlor. Erfahrenere Menschen sagten mir, dass ich Vertrauen haben solle in den Prozess. Ich würde heilen können und hätte die Chance, ohne Partnerschaft die Kostbarkeit meines eigenen Lebens zu spüren. Schöne Worte, dachte ich, aber woher soll ich das Vertrauen nehmen? Mein Vertrauen wurde doch von Menschen, die ich liebe, verraten. Das führte mich schließlich zurück zu mir selbst und wurde zu meiner Übung: Vertrauen in mich. Mich selbst nicht zu verlassen. Für mich und mein eigenes Leben wach und präsent zu bleiben. Das war das größte Geschenk, das ich mir immer und immer wieder geben kann.«

Achtsamkeit hat Meike geholfen, ein liebevoller Umgang mit sich selbst und: den Widerstand aufzugeben gegen das, was geschehen ist. Aus diesem Anerkennen konnten die Schritte heraus aus einem Gefühl des Opferseins hin zu neuem Lebensmut erfolgen: »Eines Morgens lag ich im Bett und spürte meinen Atem. Ich stellte mir vor, da läge ich mit 98 Jahren und wüsste: Der nächste Atemzug wird mein letzter sein. In dem Moment versprach ich mir, ich werde mir Vertrauen schenken und mein Bestes geben, mit Schöpferkraft mein Leben sinnvoll zu gestalten und es als wertvoll zu genießen. Auch meine Schattenseiten werde ich umarmen und zu meiner Trauer Ja sagen und immer und immer wieder Ja zu der Möglichkeit, glückliche, friedliche, dankbare Momente wach zu erleben. Ich werde mich in Momenten, wo mich Schmerz und Dunkelheit zu verschlucken drohen, erinnern: Du kannst immer wieder wach werden!«

Anerkennen, was ist

Wenn wir Wege finden wollen, auf weise und mitfühlende Art mit unserem eigenen Schmerz und dem, was an Schwierigem geschehen ist, umzugehen, müssen wir zunächst einmal die Situation anerkennen, wie sie ist. Weil wir uns ja verständlicherweise wünschen, es wäre eben nicht geschehen, vermeiden wir das in der Regel. Anzuerkennen, dass das Schwierige passiert ist, ist jedoch unabdingbar, um einen guten Umgang damit zu finden.

ÜBUNG

Es ist geschehen

Nehmen Sie sich etwas Zeit und finden Sie einen ruhigen Ort, an dem Sie sich wohlfühlen und ungestört sind. Finden Sie eine Sitzhaltung, die sich aufrecht und stabil anfühlt, und spüren Sie den Boden unter Ihren Füßen. Geben Sie Gewicht an den Stuhl ab. Seien Sie sich bewusst, dass Sie selbst darüber entscheiden können, wie tief und

wie lange Sie sich auf das Folgende einlassen. Gehen Sie liebevoll und milde mit sich um.
Atmen Sie nun einige Male ein und aus, während Sie mitverfolgen, wie der Atem in den Körper einströmt und ihn wieder verlässt. Tiefes, bewusstes Atmen wird Sie erden und Ihnen helfen, etwas innere Ruhe zu finden. Die wiederum hilft, dem ins Auge zu blicken, was ist. Und nur wenn wir das tun, wird es möglich, einen sinnvollen Umgang damit zu entwickeln.
Nun finden Sie einen Satz, der für Sie stimmig ist, wie etwa:

Ja, das ist passiert.
Auch wenn ich mir noch so sehr wünschen würde, es wäre anders: Es ist so. Dieses Schmerzliche ist geschehen.
Ja, ich habe einen Fehler gemacht.
Ja, ich habe das falsch entschieden/anders entschieden, als ich es heute tun würde.
Ja, das ist ganz anders gelaufen, als ich es mir gewünscht habe.

Probieren Sie verschiedene Formulierungen aus, bis Sie eine finden, die für Sie wahrhaftig klingt. Wenn Sie diese gefunden haben, sprechen Sie sie mehrfach laut aus.
Einfach nur das. Unterbrechen Sie Gedanken, die weiterziehen in Richtung *Ja, aber … Wenn ich nur nicht … Nie hätte ich … Aber die anderen haben ja … Warum bloß … Was soll ich denn jetzt …* Es geht jetzt nicht um Analyse, Rechtfertigung, Beschuldigung, Erklärung oder Zukunftsperspektiven. Es ist einfach bloß ein Schritt in Richtung

Akzeptanz. Ohne diesen ersten Schritt werden alle weiteren viel schwieriger.
Kämpfen Sie nicht gegen die Wahrheit der Situation. Auch wenn es möglicherweise viele weitere gerechtfertigte Perspektiven auf die Lage gibt – auch wenn vielleicht andere Menschen ebenso Fehler gemacht haben, wenn es keine Absicht war, wenn Sie die Konsequenzen nicht ahnen konnten, wenn Sie sich ungerecht behandelt fühlen, wenn Sie sich furchtbar schuldig fühlen, wenn Sie nicht wissen, wie es weitergehen soll … – all das soll gar nicht in Abrede gestellt werden. Doch darum geht es jetzt nicht. Lassen Sie sich zur Ruhe kommen in dem Anerkennen: *Ja, das ist geschehen.* Das bedeutet nicht: *Ja, es ist gut, dass es geschehen ist.* Es erkennt einfach an:

Es ist, wie es ist.

Wenn etwas Schlimmes oder Schmerzvolles geschieht, ist es eine natürliche menschliche Reaktion, das nicht wahrhaben zu wollen, sich davon abzuwenden. Doch auf diese Weise ist keine Verarbeitung möglich. Wiederholen Sie Ihren Satz daher mehrfach, bis er wirklich innerlich ankommt.
Möglicherweise kommen Tränen, Tränen des Schmerzes, der Reue, der Enttäuschung, dann weinen Sie. Oft werden diese Tränen auch ein Stück Erleichterung beinhalten. Vielleicht stellt sich mit der Zeit Ruhe ein, weil der Satz die Realität widerspiegelt. Wenn das, was wir sagen, die Wahrheit dessen, was ist, reflektiert, entsteht in uns ein Gefühl von Kongruenz, von Übereinstimmung. Mit dieser

Übereinstimmung geht oft auch körperliche Entspannung einher; beispielsweise kann es geschehen, dass der Atem sich spontan vertieft.
Lassen Sie während dieser Übung in Akzeptanz immer wieder, so gut es geht, Lösungsversuche oder Grübeleien über das Warum und Weshalb los. Das alles hat später Zeit. Jetzt ist die Zeit für das Anerkennen dessen, was ist. Und dafür braucht es oft genau eben das – Zeit. Haben Sie Geduld mit sich. Es kann gut sein, dass Sie diese Sequenz viele Male wiederholen müssen, bis Ihnen dieses Anerkennen möglich wird.

»Ein Jegliches hat seine Zeit, und alles Vorhaben unter dem Himmel hat seine Stunde: Geboren werden hat seine Zeit, sterben hat seine Zeit; pflanzen hat seine Zeit, ausreißen, was gepflanzt ist, hat seine Zeit; töten hat seine Zeit, heilen hat seine Zeit; abbrechen hat seine Zeit, bauen hat seine Zeit; weinen hat seine Zeit, lachen hat seine Zeit; klagen hat seine Zeit, tanzen hat seine Zeit.«

Der Prediger Salomo

Trauern dürfen

Sich Zeit nehmen für die Traurigkeit ist wichtig und heilsam. In einem Interview meinte der Schriftsteller Robert Seethaler dazu: »Die Traurigkeit muss erst einmal ins Fließen kommen, häufig wird einem aber sofort das Taschentuch gereicht. Als Geste ist das gut gemeint, aber es heißt eigentlich: Hör auf zu weinen. Stattdessen müsste man sagen: ›So, jetzt weine erst mal, du hast allen Grund dazu!‹«[11]

Isabella ist heute Mitte 50, und die Tatsache, dass sie kinderlos geblieben ist, macht ihr zu schaffen. »Mein vorheriger Partner hatte sich gewünscht, dass wir zusammen eine Familie gründen. Aber ich war mir nicht sicher, ob die Beziehung stabil genug ist. Ehrlich gesagt hatte ich auch einfach Schiss. Im Job lief es so gut, und war er wirklich der Mann, mit dem ich den Rest meines Lebens verbringen wollte? Ich kann meine eigenen Bedenken schon verstehen, aber heute denke ich doch, dass es ein großer Fehler war, mich damals nicht für Kinder zu entscheiden, selbst wenn ich mit meinem damaligen Partner nicht zusammengeblieben wäre. Ich habe mir eigentlich immer Kinder gewünscht und es dann aufgeschoben, bis es zu spät war.«

Es gibt Situationen im Leben, da müssen wir unseren Frieden damit finden, dass Dinge unwiederbringlich vorbei sind oder es kein Zurück mehr gibt. Viele Lebensträume beispielsweise lassen sich auch in fortgeschrittenem Alter noch umsetzen, aber Träume von einer Karriere als Tänzerin oder als Profifußballer muss man irgendwann einfach begraben. Auch Isabella sucht nach Wegen in die Akzeptanz, dass sie in diesem Leben nicht Mutter sein wird. »Ich glaube manchmal, dass der Schmerz darüber nie ganz verschwinden wird. Irgendwie gehört es auch zum Erwachsensein, dass man sich abfinden muss mit Entscheidungen, die man eher unbewusst getroffen hat. Geholfen hat mir der Satz eines Psychotherapeuten, der zu mir sagte: ›Kinder zu haben ist genauso ein Schicksal, wie keine Kinder zu haben.‹ Das ist eben einfach mein Leben. Wenn ich wieder einmal darüber traurig bin, dass ich keine Kinder habe, dann nimmt mein jetziger Freund mich in den Arm und sagt, ich solle einfach eine Runde weinen.«

Trauern dürfen ist in einer solchen Situation wichtig. Statt den Schmerz zu verdrängen, hilft es mehr, ihn zu begrüßen. Wie einen alten Freund, dessen Besuche uns zwar nicht immer willkommen sind, können wir ihn hereinbitten und ihm eine Tasse Tee anbieten. Wenn wir uns ihm zuwenden und ihn eine Weile da sein lassen, wird er auch leichter wieder gehen. So wird nach und nach Frieden entstehen können, weil wir dieses Erleben in unsere Lebensgeschichte einbinden. Wir integrieren es in unser Selbstbild – so wie Isabella erfährt: Keine Kinder zu haben ist Teil dessen, was ich bin. Es gehört zu mir, auch wenn das schmerzt.

Von Schuld zu Reue

Wer einen Fehler gemacht hat, bei dem andere zu Schaden gekommen sind, empfindet häufig Schuldgefühle. Wir quälen uns mit Selbstvorwürfen, kasteien uns, empfinden uns vielleicht als abscheulichen Menschen, sind überzeugt von unserer Unfähigkeit, Mangelhaftigkeit oder Schlechtigkeit. Schuldgefühle fesseln und lähmen uns, indem sie uns unser eigenes Fehlverhalten immer und immer wieder vor Augen führen. Obwohl wir unter solchen Schuldgefühlen leiden, hindern sie uns interessanterweise oft daran, den Schmerz zu empfinden, der dem Ganzen zugrunde liegt.

Reue hingegen ist ein anderes Gefühl. Während wir bei Schuldgefühlen eher um uns selbst kreisen, öffnen wir uns beim Gefühl von Reue für das, was den anderen geschehen ist. Wir erlauben uns damit, uns dem Schmerz zu stellen, den wir selbst oder ein anderer aufgrund unseres Tuns erlebt. Wir wollen das in der Regel vermeiden, weil wir meinen, wir könnten das nicht aushalten. Doch ohne ein Betrauern dieses Schmerzes werden wir in den Schuldgefühlen stecken bleiben.

Der indische spirituelle Lehrer Sri Bhagavan macht den Unterschied zwischen Schuldgefühlen und Reue in folgenden Worten klar: »Wenn du einen Fehler gemacht hast und nicht in der Lage bist, dir diesen Fehler zu verzeihen, dann sagen wir, dass du dich schuldig fühlst. Du wirst immer wieder darauf herumbrüten. Das geschieht, weil der Gedanke, dass du das nicht hättest tun sollen oder dass du statt dieser Sache etwas anderes hättest tun sollen, was du versprochen hattest, dich fortwährend quält … Nun lasst uns sehen, was Reue ist. *Anders als Schuld bedeutet Reue, dass du dir eingestehst, einen Fehler gemacht zu haben. Du schlüpfst in die Schuhe der anderen Person und versuchst tatsächlich, das Leiden der anderen Person zu erfahren – durch was er bzw. sie geht –, und fühlst tatsächlich für sie. Das geschieht nicht für irgendein Resultat, wie zum Beispiel um die andere Person oder andere zu beeindrucken oder um frei von Leiden zu sein, sondern um den anderen wahrhaftig zu erfahren. Wenn dies geschieht, wirst du sehr natürlich frei von dem Leiden. Du erlebst das, was wir Reue nennen.*«[12]

Wenn wir uns erlauben, Reue zu empfinden, dann können Tränen, aufrichtige Worte der Entschuldigung oder andere Handlungen ganz natürlich geschehen. Sie entstehen nicht, um Schuld aus dem Weg zu gehen oder etwas glattzubügeln, sondern aus tiefem Bedauern und dem Wunsch, zur Linderung von Leid beizutragen. Der Schmerz der Reue, den wir unter Umständen so lange zu vermeiden suchen, kann tatsächlich zu tiefer Transformation führen.

»Schuld ist Nicht-Akzeptanz.
Reue ist Akzeptanz.«

Sri Bhagavan

Gehört Schuld nicht bestraft?

In unserer Gesellschaft ist es normal, dass ein Richter ein Urteil über den »Schuldigen« verhängt. Falls Sie sich aufgrund Ihres Tuns schuldig fühlen: Meinen Sie, dass Sie dafür eine Strafe verdienen? Vielleicht hoffen Sie insgeheim, dass Sie sich besser fühlen werden, wenn Sie Ihre »gerechte Strafe« bekommen. Diese Vorstellung ist tief in der Menschheitsgeschichte verankert. Jemand hat etwas Falsches getan, und wenn er seine Strafe erhält, ist der Gerechtigkeit Genüge getan. Von einer höheren Warte aus betrachtet, liegt dem die Annahme zugrunde, dass durch ein (schlimmes) Fehlverhalten die Ordnung aus den Fugen gerät und durch Strafe wiederhergestellt werden kann.

Doch ist es wirklich Strafe, die an dieser Stelle weiterhilft? Ich möchte nicht an den Grundfesten unserer Gesetzesordnung rütteln, sondern nur infrage stellen, ob die Art, wie wir üblicherweise mit Schuld und Strafe umgehen, tatsächlich das bewirkt, was wir erhoffen.

Angenommen, ich habe – absichtlich oder als Folge unglücklicher Umstände – durch mein Tun einen anderen Menschen schwer verletzt oder sogar getötet. Wird er dadurch, dass ich bestraft werde, wieder gesund oder lebendig? Verbrechensopfer und ihre Angehörigen hoffen oft, dass sie inneren Frieden finden, wenn der Schuldige seiner gerechten Strafe zugeführt wird und hinter Gittern sitzt. Leider stellen viele von ihnen fest, dass ihnen das weit weniger Erleichterung bringt als erwartet. Sicherlich kann es gute Gründe dafür geben, eine Person hinter Gitter zu sperren. Doch Strafe ist nicht dasselbe wie Reue, Buße oder Wiedergutmachung. Strafe straft, aber sie heilt nicht, und in der überwiegenden Zahl der Fälle verändert sie den Bestraften auch nicht zum Positiven. Es könnte sein, dass das Opfer mehr davon hätte, wenn der Täter wirklich Verantwortung für sein Tun übernehmen würde und dem Geschädigten Mitgefühl entgegenbringen könnte für das, was dieser erlitten hat. Sein Tun aufrichtig zu bedauern würde möglicherweise eher helfen, dass etwas von dem Schmerz heilen kann, als wenn er sich nur schuldig fühlt.

Scham/Schuld	**Reue/Bedauern**
Sich verstecken, sich zurückziehen, u. U. auch sich rechtfertigen, der Versuch, sich zu »ent-schuld-igen«	Verantwortung übernehmen, klares Sehen und Eingestehen des eigenen Tuns
Selbstvorwürfe, Ichbezogenheit, um sich selbst kreisen	Den Schmerz mitempfinden, der durch das eigene Handeln entstanden ist
Widerstand: »Das hätte ich nicht tun dürfen/Das hätte nicht passieren dürfen«	Akzeptanz: »Ja, das habe ich getan/Ja, das ist geschehen«
Sich aufgrund von Scham klein fühlen und gleichzeitig versuchen, diese Gefühle abzuwehren	Durch Verantwortlichkeit zurück in die eigene Würde finden, Gefühle zulassen
Gefangen sein in der Vergangenheit, hadern, Ohnmacht	Trauern, weitergehen, Wiedergutmachung (in welcher Form auch immer)
Feststecken	Veränderung

Mit einem Gefühl der Schuld bleiben wir in der Vergangenheit stecken. Reue hingegen öffnet die Türen für Veränderung in der Zukunft. Sie ermöglicht es erst, dass wir uns fragen, was es für einen Neuanfang braucht, sodass wir aus dem, was geschehen ist, etwas lernen und irgendwann auch in der Lage sind, uns zu verzeihen.

ÜBUNG

Um Verzeihung bitten

Lassen Sie zu, dass Reue in Ihnen entsteht, indem Sie den Schmerz, die Enttäuschung, die Verlassenheit oder andere schwierige Emotionen, die die andere Person vermutlich fühlt/gefühlt hat, nachempfinden. Wenn Sie merken, dass Schuldgefühle aufsteigen oder Sie sich selbst kritisieren, weil Sie das ausgelöst haben, sagen Sie zu sich: »Um mich geht es jetzt nicht. Ich erlaube mir, den Schmerz des anderen zu spüren.« Wenden Sie ihm Ihre Aufmerksamkeit zu. Nennen Sie in Gedanken seinen Namen und sagen Sie: »Ich verstehe den Schmerz, den du fühlst, und ich bitte dich, mir zu verzeihen.« Wiederholen Sie diese Bitte um Verzeihung mit aufrichtigem Herzen. Lassen Sie dann einige Momente des Schweigens folgen und öffnen Sie sich für die Möglichkeit, dass Ihnen vergeben wird.[13]

ÜBUNG

Sich selbst vergeben

Die folgende Praxis zur Vergebung basiert auf einer geleiteten Meditation der Psychotherapeutin Tara Brach.[14]
Vergegenwärtigen Sie sich einen Aspekt Ihres Lebens, den Sie als unverzeihlich empfinden. Vielleicht können Sie sich nicht vergeben, dass Sie einen anderen Menschen mit harschen Worten verletzt oder die Art und Weise, wie Sie eine Beziehung beendet haben. Vielleicht schämen Sie sich für ein Suchtverhalten oder eine Angewohnheit, oder Sie werfen sich vor, dass Sie an einer bestimmten Aufgabe gescheitert sind. Nehmen Sie Kontakt auf mit den schmerzlichen Gefühlen, Gedanken und Verhaltensweisen, die damit zu tun haben, so als würden Sie Ihre innere Landschaft erkunden. Seien Sie sanft und mitfühlend mit sich und erforschen Sie, welche Intention, Motivation oder Ängste hinter diesem Verhalten liegen könnten.
Was treibt diesen unannehmbaren Teil Ihrer selbst an? Wenn Sie ess- oder alkoholsüchtig sind, welche Ängste versuchen Sie möglicherweise dadurch zu besänftigen? Wenn Sie eine andere Person verletzt haben, haben Sie aus einem eigenen Gekränktsein, aus Unsicherheit oder einem Gefühl von Ohnmacht heraus gehandelt? Woraus ist all dies entstanden? Haben Sie sich geschämt, weil es eine Angst gab, für etwas bestraft oder kritisiert zu werden? Waren Sie überfordert von den Umständen Ihres Lebens zu diesem Zeitpunkt?

Lassen Sie all diesen Gedanken, Gefühlen und Verhaltensweisen eine Botschaft der Vergebung, einen Akt des Friedens zukommen. Sie könnten im Stillen flüstern: »Ich sehe, wie ich mir (und anderen) Leid zugefügt habe, und ich verzeihe mir jetzt.« Oder Sie sagen: »Ich darf Vergebung erfahren«, oder sprechen einfach die Worte »Vergeben, vergeben«.
Vielleicht fühlt sich das unmöglich an oder Sie denken, dass Sie diese Vergebung nicht wirklich verdienen, dann könnten Sie sagen: »Möge ich irgendwann einmal in der Lage sein, mir das zu verzeihen« oder »Ich habe die Absicht, mir zu vergeben, wenn ich dazu imstande bin«. Tara Brach, die diese Schritte der Selbstvergebung mit vielen Menschen vollzogen hat, ist sich sicher: »Ihre Absicht zu vergeben ist das Samenkorn der Vergebung – diese Bereitschaft wird nach und nach Ihr Herz entspannen und es sich öffnen lassen.«

Wiedergutmachung: Wege zum Neuanfang

Schuldgefühle sind ein Zeichen, dass etwas in uns dringend gehört werden will, dass etwas in uns Beachtung braucht und es Zeit ist für echte Reue. Dann können Schuldgefühle zu einer positiven Veränderung führen. Dass es möglich ist, selbst aus tiefer Schuld und Verzweiflung zu einem Neuanfang und innerem Frieden zu finden, zeigt die folgende Begebenheit, von der der vietnamesische Achtsamkeitslehrer Thich Nhat Hanh in einem Vortrag erzählte.[15]

Während des Kriegs in Vietnam war ein amerikanischer GI mit seiner Einheit in der Nähe eines kleinen Dorfes in einen Hinterhalt der einheimischen Guerilla geraten. Dabei kamen die meisten seiner Kameraden um. Zorn, Wut und Schmerz kochten in ihm, und er beschloss, Vergeltung zu üben: Er versteckte Sprengstoff in einigen Sandwiches und legte die Tüte heimlich am Eingang des Dorfes ab. Eine Gruppe von fünf Kindern entdeckte sie und stürzte sich ausgehungert darauf.

Es dauerte etwa eine halbe Stunde, da begannen sich die Kinder vor Schmerzen zu winden und nach ihren Eltern zu rufen. Der Soldat beobachtete die Szene aus einem Versteck. Er wusste, selbst wenn man die fünf Kinder per Notarzt in ein Krankenhaus bringen würde, es gab keinen Weg mehr, sie zu retten.

Nach dem Krieg entwickelte der Soldat posttraumatische Symptome. Er litt an Albträumen, und wenn er zufällig allein in einem Raum mit Kindern war, musste er flüchten. Er hatte viel Schreckliches erlebt im Krieg, doch nichts war für ihn so schrecklich gewesen, wie die Kinder sterben zu sehen. Mit niemandem konnte er über seine Erlebnisse sprechen, bloß mit seiner Mutter, die ihm sagte: »Nun, das war der Krieg, und in einem Krieg passieren solche Dinge eben.« Doch die furchtbaren Bilder der schreienden Jungen und Mädchen suchten ihn immer stärker heim, und die Schuldgefühle zerfraßen ihn von innen.

Schließlich hörte der Soldat, dass es Treffen für Vietnamveteranen gab, die Thich Nhat Hanh organisierte, um diesen im Umgang mit Leid und Schmerz zu helfen. Zwar fürchtete er sich vor der Begegnung mit Menschen, die zur Nation der damaligen Kriegsgegner gehörten, dennoch meldete er sich nach langem Zögern an, da sein Leben mittlerweile einer inneren Hölle glich.

In kleinen Gruppen, begleitet von der unterstützenden Präsenz von Thich Nhat Hanh und seinen Mönchen, erzählten sich die Veteranen gegenseitig von ihren Erfahrungen. Manche brauchten Tage, um überhaupt in der Lage zu sein, das Wort zu ergreifen und etwas von ihren Erinnerungen zu offenbaren. Viele lebten, ebenso wie der GI, der die Kinder vergiftet hatte, in einem inneren Strudel aus Selbsthass, Verzweiflung, Angst, Wut und Ohnmacht. Man kann sich vorstellen, wie schwer es für ihn gewesen sein muss, in Anwesenheit von

Mönchen aus Vietnam von dem zu sprechen, was er getan hatte. Und doch empfand er es wie eine Erlösung, endlich von seinen inneren Dämonen zu erzählen, während ihm Menschen mitfühlend zuhörten. Aber wie sollte er mit dieser Schuld weiterleben?, fragte er die Mönche. Thich Nhat Hanh antwortete ihm: »Ja, du hast fünf Kinder getötet, das ist wahr. Und das zu tun war nicht gut, das ist wahr. Aber ist dir bewusst, dass in diesem Moment Kinder überall auf der Welt sterben, weil sie nichts zu essen und keine medizinische Versorgung haben? Warum festhalten an den Kindern, die damals gestorben sind, wenn du jetzt helfen kannst? Es gibt Kinder, die brauchen nur eine Gabe an Medizin, um gerettet zu werden, und du kannst derjenige sein, der ihnen diese Medizin bringt. Wenn du das jeden Tag praktizierst, dann werden die Kinder, die an dem Sprengstoff gestorben sind, in dir lächeln, weil sie an deiner Arbeit teilhaben, viele Kinder zu retten, die jetzt gerade im Sterben liegen.«

Unser Schmerz und das Gefühl für Schuld entstehen oft dadurch, dass wir etwas getan haben, was mit unseren eigenen tiefen inneren Werten nicht übereinstimmt. ***Wiedergutmachung ist eine Möglichkeit, uns selbst wieder mit diesen Werten zu verbinden und für einen Ausgleich zu sorgen.***

Ein solcher Ausgleich ist nötig, wenn jemand durch das, was wir getan haben, Schaden genommen hat, wenn etwas aus dem Gleichgewicht, aus der inneren und äußeren Ordnung geraten ist.

Lernen, was es zu lernen gibt

Vielleicht ist nicht in jedem Fall eine wie auf den vorhergehenden Seiten beschriebene Wiedergutmachung möglich. Doch können wir uns immer fragen, was es an der Erfahrung zu lernen gibt und wie wir das in unserem Leben umsetzen können. Wenn uns das gelingt, können sich auch die Schuldgefühle lösen.

Mein Freund Mathias beispielsweise muss damit leben, dass sein letztes Treffen mit seinem verstorbenen Bruder Konstantin in einem Streit endete. Bei einem Besuch bei Konstantin, der an einer stark fortgeschrittenen Krebserkrankung litt, geriet eine Diskussion zwischen Mathias und Konstantins Frau Regina über Geldangelegenheiten aus dem Ruder. Konstantin versuchte zu vermitteln, doch da die Nerven auf allen Seiten durch die lange Zeit der Sorgen um Konstantin blank lagen, brach Mathias den Besuch in schlechter Stimmung früher als geplant ab. »Die folgende Woche dachte ich mit einem unguten Gefühl im Bauch an die Sache. Ich fühlte mich einerseits im Recht, andererseits kam ich mir auch kindisch vor, dass ich in dieser Situation nicht nachgegeben hatte. Immer wieder wollte ich Konstantin anrufen, doch es war so viel in der Arbeit und in meiner eigenen Familie los, dass ich das Telefonat aufschob.« Und dann kam plötzlich der Anruf aus dem Krankenhaus. Konstantins Zustand hatte sich rapide verschlechtert, er war auf die Intensivstation eingeliefert worden. Mathias solle so schnell wie möglich kommen. »Ich habe es nicht mehr rechtzeitig geschafft«, erzählt er. »Ich bin gefahren, so schnell ich konnte, aber Konstantin ist eine halbe Stunde vor meinem Eintreffen gestorben.«

Darüber, dass das letzte Treffen mit seinem Bruder in einem Streit endete, machte Mathias sich lange Vorwürfe. »Natürlich hätte ich nie gewollt, dass das letzte Mal, dass wir miteinander reden, in schlechter Stimmung endet. Geholfen hat mir, dass ich mich mit Regina aussprechen konnte und wir gemeinsam geweint haben. Auch dass ich später an Konstantins Grab stehen und ihm erzählen konnte, was ich ihm eigentlich hätte sagen wollen: dass ich ihn liebe, wie wichtig er mir war, wie ich ihn vermisse.«

Entscheidend findet Mathias, die Lektion nicht zu vergessen, die er aus diesem Erlebnis mitgenommen hat. »Ich versuche heute, Streitigkeiten in Relation zu setzen: Wie wichtig ist es mir in dieser Situation tatsächlich, recht zu behalten? Was wäre, wenn dieses das letzte Gespräch wäre, das ich mit der Person führe? Ist es wirklich wert, an meinem Ärger festzuhalten? Mit Menschen, die mir wichtig sind, lasse ich Missstimmungen nicht mehr einfach vor sich hin kochen. Man kann nie wissen, wie viel Zeit man noch mit jemandem hat. Ich kann nach einem Krach mit meiner Frau oder meinen Kindern jetzt viel besser den ersten Schritt wieder auf den anderen zumachen. Innerlich stelle ich mir dann Konstantins Gesicht vor, und das öffnet mein Herz.«

Die folgende Übung des Meditationslehrers Frits Koster und seines Kollegen Erik van den Brink kann Sie dabei unterstützen, eine solche Lernchance für sich zu entdecken.[16]

ÜBUNG

Weisheit aus der Krise

Nehmen Sie sich ein wenig Zeit für eine Reflexion und erinnern Sie sich an etwas Schmerzliches, das Sie in der Vergangenheit erlebt haben, eine große Herausforderung oder Krise. Wenn Sie heute darauf schauen, können Sie etwas Positives entdecken, was daraus entstanden ist? Haben Sie etwas gelernt, was Sie sonst vielleicht nicht hätten lernen können?
Denken Sie nun an die größte Herausforderung, vor der Sie im Moment stehen. Was wünschen Sie sich, was daraus Gutes entstehen soll? Was hoffen Sie, daraus gelernt zu haben, wenn Sie später darauf zurückblicken?

In Krisenzeiten drehen sich die inneren Fragen oft um das Warum. *Warum bloß habe ich das getan?* oder *Warum konnte es nicht anders kommen?* oder *Warum ich?*. Vielleicht kann es gelingen, die Frage nach dem Warum loszulassen und sie in ein Wozu zu wandeln. Anders als *Warum* ist die Suche nach dem *Wozu* nicht rückwärts, sondern nach vorn gerichtet. *Nun habe ich das erlebt, was ich nie erleben wollte und was man niemandem wünschen würde.* Gibt es möglicherweise dennoch etwas Gutes, das daraus entstanden ist?

Bestimmt will niemand in einer schmerzlichen Lage billigen Trost hören nach dem Motto »Es wird sicher für etwas gut gewesen sein«. Doch es kann Kraft geben, wenn wir etwas Schwieriges, das geschehen ist, mit einem Gefühl von Würde und Selbstbestimmung wandeln in etwas, dem wir einen positiven Aspekt abgewinnen und aus dem wir etwas lernen können.

»Forget the mistake.
Remember the lesson.«

Unbekannt

3

Sich verzeihen und loslassen

Sich oder anderen zu verzeihen oder Vergebung zu finden ist nichts, wozu wir uns zwingen können. Doch können die Übungen aus dem letzten Kapitel hilfreich sein, um unser Herz zu öffnen und uns dem Schmerzlichen in uns zuzuwenden und es zu betrauern. In der Regel ist das kein einmaliger Akt, sondern ein längerer Prozess. Um uns zu verzeihen, müssen wir beginnen, unsere menschliche Unzulänglichkeit in Güte anzuerkennen. Doch genau das ist für die meisten von uns enorm schwer, weil wir viele Jahre Strenge statt Milde mit uns selbst kultiviert haben.

Milde mit sich selbst

Ich möchte Sie zu einem Gedankenexperiment einladen: Stellen Sie sich vor, eine Freundin, die Ihnen

sehr am Herzen liegt, hätte in ihrem Job einen echten Schnitzer gemacht. Angenommen, sie ist bei einem wichtigen Projekt gescheitert und findet nun, dass sie sich vor der ganzen Abteilung blamiert hat. Sie ist am Boden zerstört.
Wie würden Sie in dieser Situation mit Ihrer Freundin umgehen? Was würden Sie ihr gegenüber empfinden? Was würden Sie zu ihr sagen? Und wie würde sich Ihre Stimme dabei anhören?
Nehmen Sie sich einen Moment Zeit, sich in diese Situation hineinzuversetzen.

*

Und nun stellen Sie sich vor, nicht diese liebe Freundin, sondern Sie selbst hätten den Fehler gemacht. Ihnen selbst wäre das passiert. Sie sind bei einem wichtigen Projekt gescheitert und denken, dass Sie sich damit vor der ganzen Abteilung blamiert haben. Wie würden Sie in dieser Situation *mit sich selbst* umgehen? Was würden Sie sich gegenüber empfinden? Was würden Sie zu sich sagen? Und wie würde sich Ihre Stimme dabei anhören?
Nehmen Sie sich bitte auch hier wieder einen Moment Zeit, sich die Situation und Ihre Reaktion darauf zu vergegenwärtigen.

*

Wenn ich diese Übung mit Seminarteilnehmern mache, stellt ein Großteil fest, dass die Reaktionen im ersten und im zweiten Fall sehr unterschiedlich ausfallen. Die meisten empfinden Mitgefühl und Verständnis für die Freundin. Es ist ihnen selbstverständlich, sie zu ermutigen, zu trösten, sich liebevoll um sie zu kümmern. Sind sie selbst es jedoch, die den Fehler begangen haben, hagelt es oft Selbstvorwürfe und Kritik, und es tauchen Gedanken auf wie »Wie kann man nur so blöd sein«, »Selber schuld« oder »Ist ja mal wieder typisch«.
Viele Menschen sind mit niemandem so kritisch und unerbittlich wie mit sich selbst. Der interne Dialog ist nicht selten gespickt mit harschen Verurteilungen, und die Radiostation im Kopf ist auf den Sender »Was ich schon wieder falsch gemacht habe« abonniert. Eine solche Haltung stammt häufig aus Kindertagen: Wir verinnerlichen die Vorwürfe und Abwertungen unseres Umfelds und erleben es irgendwann als völlig normal und angemessen, uns selbst runterzumachen, wenn wir einen Fehler begangen haben.
Doch warum hat die Freundin, nicht aber Sie selbst Aufmunterung, Verständnis und Trost verdient? Ist es wirklich normal, dass alle Fehler machen dürfen, aber wir selbst nicht?

Brauchen wir Selbstkritik?

Bei der Diskussion um das eben beschriebene Gedankenexperiment sagen Menschen oft so etwas wie: »Aber ich brauche Selbstkritik, um mich zu motivieren. Ich werde sonst nachlässig und faul und lerne nichts aus meinen Fehlern.« Dabei handelt es sich jedoch um eine Verwechslung zwischen konstruktiver Selbstreflexion und abwertender Selbstkritik. Natürlich ist es sinnvoll, wach und vorurteilsfrei auf die Umstände zu schauen – was hat dazu beigetragen, dass Sie mit dem Projekt gescheitert sind? Wie an dem Beispiel der digitalen Start-up-Unternehmen sichtbar wurde, kann eine sachliche Analyse helfen, ähnliche Fehler in der Zukunft zu vermeiden und möglichst viel aus der Erfahrung zu lernen. Dafür brauchen wir allerdings das Verständnis, dass Fehler zum Lernen dazugehören – dass wir keine Versager sind, nur weil wir bei etwas versagt haben.

Stellen Sie sich ein Kleinkind vor, das Laufen lernen will. Es zieht sich am Tisch hoch, macht einen unsicheren Tapser und fällt wieder auf den Hintern. Ein zweiter Versuch mit demselben Ergebnis. Wenn es daraus nun den Schluss zieht, dass es offensichtlich zu doof ist, etwas zu schaffen, was scheinbar nicht so schwer ist – denn all die Menschen in seinem Umfeld können ja ohne Probleme auf ihren zwei Beinen gehen –, dann wird es nie laufen lernen. Glücklicherweise denken Babys noch nicht so. Das lernen wir erst mit der Zeit. Und solche selbstkritischen Gedanken lähmen uns und rauben uns Selbstvertrauen.

Die aktuelle psychologische Forschung zeigt eindeutig, dass es eine Ressource gibt, die wir in uns entwickeln und stärken können, die im Umgang mit Erfahrungen von Scheitern und anderen schwierigen Lebensumständen weitaus gesünder und hilfreicher ist: Selbstmitgefühl.

Selbstmitgefühl entwickeln

Christine Brähler, Psychologin, Psychotherapeutin und als Seminarleiterin spezialisiert auf das Thema Selbstmitgefühl, nennt es die Fähigkeit, uns selbst liebevoll zu umsorgen, wenn es uns schlecht geht – so, wie wir es für einen geliebten Menschen oder eine andere Person in Not tun würden: »Durch Selbstmitgefühl entwickeln wir die Kraft, unser Leid anzuerkennen und uns zu erinnern, dass alle Menschen Fehler machen oder schwierige Zeiten durchleben. Uns selbst Verständnis zu schenken schafft Raum für Trost und eine hilfreiche Umgangsweise mit der Herausforderung.«[17] Selbst-

mitgefühl könnte man beschreiben als die Bereitschaft und die nach und nach wachsende Fähigkeit, mit dem eigenen Leid mitzuempfinden, statt sich davon abzuschneiden.
Zu Beginn erleben viele Menschen es als ungewohnt, manchmal geradezu beängstigend, sich selbst in schwierigen Zeiten liebevoll zu behandeln. Die Angst davor, mitfühlend mit sich selbst zu sein, kann entstehen, weil man glaubt, dass man ein solches Mitgefühl nicht verdient, oder wegen der Überzeugung, dass Kritik für den eigenen Erfolg nötig ist. Man schämt sich für die eigenen inneren Zustände oder das eigene Seelenleben. Es können Gefühle von Abwehr, Widerstand, Traurigkeit, Scham oder Wut auftreten. Mit diesen Gefühlen gilt es, geduldig, verständnisvoll und sanft umzugehen.

Liebevoller werden mit sich selbst

Kristin Neff, Professorin für Psychologie an der Universität Texas, hat Selbstmitgefühl in den Mittelpunkt ihrer Forschung gestellt. Ihre Untersuchungen zeigen, dass Selbstmitgefühl etwas anderes ist als Selbstvertrauen oder Selbstwertgefühl, denn es hat nichts damit zu tun, was wir können, uns zutrauen oder dass wir uns selbst positiv bewerten: Selbstmitgefühl ist eine Weise der *Beziehung* zu uns selbst. »Menschen fühlen Mitgefühl für sich selbst, weil sie menschliche Wesen sind, und nicht, weil sie besonders oder überdurchschnittlich sind. Man muss sich also beim Selbstmitgefühl nicht besser als andere fühlen, um sich gut zu fühlen. Selbstmitgefühl bietet zudem eine größere emotionale Stabilität als das Selbstwertgefühl, weil es quasi immer für einen da ist – unabhängig davon, ob man gerade ganz obenauf oder voll auf die Nase gefallen ist.«[18]

Studien zur Ressource des Selbstmitgefühls belegen, dass Selbstmitgefühl zum Beispiel dabei hilft, Diät zu halten, mit ungesunden Verhaltensweisen wie dem Rauchen aufzuhören und sich bei einem »Rückfall« in die Sucht wieder zu motivieren. Selbstkritik ist an dieser Stelle einfach nicht hilfreich: Denn je strenger man mit sich selbst ist, wenn ein Rückschlag oder ein Problem eintritt, je mehr man sich dafür abstraft oder runtermacht, desto näher liegt der Gedanke: »Ich schaffe es ja sowieso nicht. Dann kann ich es auch gleich aufgeben.« Während man sich durch Selbstkritik schlechter fühlt, was es wahrscheinlicher macht, dass man erneut in die ungünstige Verhaltensweise zurückfällt (Schokolade essen als Trost, Alkohol trinken, um sich nicht mehr so mies zu fühlen), ist

Selbstmitgefühl in sich selbst tröstlich und unterstützend.

Dabei bedeutet ein mitfühlender Umgang mit sich selbst nicht, sich alles durchgehen zu lassen oder gleichgültig gegenüber Fehlern zu werden. Selbstmitgefühl heißt, mit sich selbst so umzugehen, wie Sie mit jemandem umgehen würden, dessen Wohlergehen Ihnen langfristig wirklich am Herzen liegt. Und das bedeutet eben auch, sich liebevoll dazu zu motivieren, die eigenen Wünsche und Visionen umzusetzen und nach den eigenen Werten zu leben. Dass Selbstmitgefühl gerade nicht dazu führt, selbstzufrieden zu werden, sondern die Fähigkeit stärkt, sich selbst klar zu sehen und Verantwortung für gemachte Fehler zu übernehmen, ist mittlerweile sogar wissenschaftlich erwiesen.[19]

Um Selbstmitgefühl zu entwickeln, hilft es, sich bewusst zu machen, dass Sie mit Ihren Schwierigkeiten nicht allein sind. Auch andere Menschen auf der Welt kennen Kummer und Schmerz, wie Sie ihn gerade empfinden. Er gehört zu unserem gemeinsamen Menschsein.

ÜBUNG

Selbstmitgefühlspause

Diese Übung hat Kristin Neff zur Kultivierung und Stärkung von Selbstmitgefühl entwickelt.[20]

1) Das Schwierige als schwierig anerkennen

Machen Sie sich bewusst, dass dies gerade eine schmerzliche Erfahrung ist. Versuchen Sie nicht, diese Erfahrung zu umgehen. Sie können nur einen guten Umgang damit finden, wenn Sie sich ihr liebevoll zuwenden. Legen Sie sachte eine Hand auf Ihr Herz, atmen Sie sanft ein und aus und sagen Sie sich: »Das ist ein Moment von Leid.« Oder: »Ich fühle mich gerade elend und voller Schuldgefühle.« Oder: »Das ist gerade wirklich schmerzhaft.« Erkennen Sie diesen Moment an: Es ist, wie es ist. Erlauben Sie sich, den Schmerz, die Anspannung, die Einsamkeit etc. zu spüren, ohne die Erfahrung zu bewerten oder loswerden zu wollen.

2) Gemeinsames Menschsein

Machen Sie sich bewusst: Sie sind nicht alleine im Schmerz. Leid gehört zu jedem Leben. Es ist menschlich, sich so zu fühlen. Auch andere Menschen kennen solche Gefühle und wissen, wie schmerzhaft das ist. Verbinden Sie sich innerlich mit anderen Menschen (statt zu glauben, keiner könne Sie verstehen und Sie wären ganz allein).

3) Sich selbst unterstützen

Fragen Sie sich, was Ihnen jetzt guttun würde. Was könnten Sie sich selbst wünschen oder für sich tun, was ein wenig Erleichterung verschaffen würde? Oder was würden Sie einer lieben Freundin in dieser Situation raten? Statt sich für das, was geschehen ist, zu kritisieren, schauen Sie, ob Sie eine tröstende, verständnisvolle Haltung sich selbst gegenüber entwickeln können, zum Beispiel mit folgendem Wunsch: »Möge ich wohlwollend, liebevoll und verständnisvoll mit mir selbst umgehen.«

Mitgefühlslosungen

Die deutsch-amerikanische Psychotherapeutin und Meditationslehrerin Barbara R. Weininger arbeitet bei ihren Klienten, die gerade schwere Zeiten durchmachen, mit sogenannten Selbstmitgefühlslosungen.[21] Das sind Leitsätze, die uns helfen können, mit Gefühlen von Schuld, Scham, Kummer oder Angst umzugehen und neue Zuversicht zu finden.

Die Losungen beginnen in der Regel mit der Formulierung »Möge ich«, wie beispielsweise: »Möge ich Schritt für Schritt meinen inneren Frieden wiederfinden.« Das hat einen guten Grund, auch wenn es sich im ersten Moment etwas altertümlich anhören mag. Ein solcher Konjunktiv zeigt an, dass der beschriebene Zustand noch nicht real da, aber

möglich ist. Auch wenn Ihr innerer Zustand im Moment überhaupt nichts mit innerem Frieden gemein hat, so verbinden Sie sich durch diese Formulierung mit Ihrem Wunsch, dass es eines Tages so sein möge. Sie müssen dafür nicht wissen, wie genau Sie in diesen Zustand finden. Doch Sie nehmen die Perspektive ein, dass es die Möglichkeit gibt und dass Sie sich selbst wünschen, es möge dazu kommen.
Lassen Sie sich von den unten stehenden Losungen inspirieren und entwickeln Sie Sätze, die passgenau auf Ihre Situation zutreffen.

- Möge ich mich mit all meinen Fehlern und Schwächen annehmen und beginnen, mir selbst Mitgefühl und Verständnis zu schenken.
- Möge ich mir selbst verzeihen.
- Möge ich irgendwann einmal in der Lage sein, mir selbst zu verzeihen.
- Möge das, was ich anderen und mir selbst an Kummer bereitet habe, transformiert und geheilt werden.
- Mögen sich die Dinge für mich und die Menschen, die von den Konsequenzen meiner Handlungen betroffen sind, zum Guten wenden.
- Möge ich Wege finden, Schaden wiedergutzumachen.

- Mögen meine Gefühle von Scham und Schuld sich wandeln in Inspiration und den Mut, zum Wohlergehen von anderen beizutragen.
- Möge ich erkennen, dass mein Wert als Mensch nicht davon abhängig ist, was ich leiste.
- Mögen wir alle die Unterstützung erhalten, die wir brauchen.
- Möge ich wieder inneren Frieden finden und glücklich sein.

Eine Fülle von Umständen

Kaum jemand begeht absichtlich einen Fehler oder verletzt jemand anderen wissentlich. Manchmal scheint etwas absichtlich geschehen zu sein, doch wenn man genauer hinschaut, lässt sich erkennen, dass man wie geblendet von Wut, Eifersucht, Begierde oder einer anderen Emotion reagiert hat und die Folge seines Handelns nicht überblicken konnte. Wenn wir uns einen Fehler nicht verzeihen können oder uns die (alleinige) Schuld an etwas geben, erhalten wir damit oft unrealistische Allmachtsfantasien und eine Illusion von Kontrolle aufrecht, die nicht den Tatsachen entspricht. »Wir haben als Menschen ein Talent dafür, uns grundsätzlich für Ereignisse schuldig zu fühlen, für die wir nichts können. Wir können wie kein anderer Warmblüter uns selbst für Ereignisse kritisieren, die außerhalb unserer Kontrolle liegen«, konstatieren die Selbstmitgefühlslehrer Frits Koster und Erik van den Brink.[22]

> »Enttäuschende Ergebnisse sind nicht notwendigerweise eine Folge von vermeidbaren Fehlern.«
>
> *Natalie Knapp*

Jeder von uns lebt in einem riesigen Mosaik aus Umständen, die wir nur zu einem geringen Teil überhaupt beeinflussen und die wir ganz sicher nicht vollständig kontrollieren können. Dennoch neigen wir dazu, die Tragödien unseres Lebens immer als ganz und gar persönlich zu empfinden, so als hätten sie nur mit uns zu tun, als wären sie extra auf uns gemünzt, hätten nur uns geschehen können oder wären allein unsere Schuld. Doch sind wir Teil einer unendlichen Kaskade an Umständen und Bedingungen, die zusammengekommen sind, sodass wir jetzt vor diesem Resultat stehen. Eine unüberschaubare Verkettung von Gegebenheiten hat dazu geführt, dass wir etwas

Bestimmtes gesagt, getan oder entschieden haben, dass etwas so und nicht anders geschehen ist. Dinge haben dazu beigetragen, die völlig jenseits unseres Einflussgebietes lagen, die wir nie kontrollieren oder steuern konnten.

REFLEXION

Nehmen Sie sich etwas Zeit für folgende Fragen:

- War es nicht so, dass Sie zu dem damaligen Zeitpunkt gute Gründe hatten, sich so und nicht anders zu entscheiden?
- Wenn Ihnen die Konsequenzen wirklich klar gewesen wären, hätten Sie dann auch so entschieden?
- Wenn Sie einen anderen, besseren Weg gewusst hätten, zu dem gewünschten Ergebnis zu kommen, hätten Sie dann nicht den eingeschlagen?
- Und falls Sie diesen Weg zwar gewusst, ihn aber nicht genommen haben, gab es nicht auch dafür gute Gründe?
- Ist es nicht so, dass Sie es so gut gemacht haben, wie es Ihnen zu diesem Zeitpunkt unter diesen Umständen möglich war? Denn wenn es Ihnen anders möglich gewesen wäre – wirklich möglich gewesen wäre, auch von Ihrer emotionalen Verfassung her –, hätten Sie es dann nicht auch getan?

Wenn das nicht passiert wäre, wäre ich dann glücklicher?

Wenn ich mit Menschen darüber spreche, was sie als großen Fehler in ihrem Leben einschätzen, kommt die Rede häufig auf das Thema Partnerschaft: Sonja verließ nach langem Ringen ihren Mann, weil sie sich im Urlaub in einen anderen verliebt hatte. Schließlich gab sie sogar ihre Stelle auf und zog zu ihrem neuen Partner in sein Heimatland. Doch die Beziehung ging nach drei Jahren in die Brüche, und Sonja musste, nach Deutschland zurückgekehrt, mit einer schwierigen Zeit der Arbeitslosigkeit zurechtkommen.

Stefan begann eine, wie er meinte, harmlose Liebschaft mit einer Arbeitskollegin, doch als seine Frau schließlich davon erfuhr, nahm sie die Kinder und ging. Nicht mehr mit seinen Kindern zusammenzuleben ist für Stefan ein enormer Schmerz.

Wenn sie die Chance hätten und noch einmal zurückdürften, sagen viele Menschen nach einer solchen Erfahrung, würden sie es jetzt anders machen. Und sie sind sich sicher, dass sie dann heute glücklicher wären, weil das, was sie damals getan haben, falsch war.

Eine Perspektive jenseits von Richtig und Falsch bietet dabei die Philosophin Natalie Knapp an. Sie meint, dass solche Kategorien vielleicht für schlichte

Mathematikaufgaben passen, nicht aber für einzigartige Menschen in einzigartigen Lebenssituationen. Wissen wir denn, wie sich die Dinge weiterentwickelt hätten ohne dieses Ereignis? »Niemand wird je beurteilen können, ob es besser gewesen wäre, wenn wir unser einziges Leben anders gelebt hätten. Niemand kann wissen, welche Folgen andere Entscheidungen tatsächlich gehabt hätten. Vielleicht hätten sie uns noch weniger gefallen. Denn Entwicklungen werden immer von etlichen Zufällen und Ereignissen beeinflusst, die wir nicht voraussehen können. Wir neigen dazu, uns rückblickend einen hypothetischen ›besseren‹ Lebensweg zu konstruieren, und vergessen, dass es sich dabei lediglich um eine begradigte Version unseres Lebens handelt, die all die möglichen Zwischenfälle und die Komplexität sich kreuzender Ereignisse ausblendet.«[23]

Wer kann denn wissen, ob wir heute tatsächlich glücklicher wären, wenn die Beziehung gehalten hätte? Vielleicht hätte sich unser Partner in jemand anderen verliebt und *uns* verlassen! Vielleicht hätten wir uns auseinandergelebt und wären dennoch aus Bequemlichkeit zusammengeblieben, statt zu neuen Ufern und neuen Möglichkeiten aufzubrechen. Das Gras ist immer grüner auf der anderen Seite des Zauns, heißt es in einem Sprichwort, und wir malen uns gern aus, wie viel zufriedener wir wären, wenn die Dinge anders gelaufen wären oder wir uns nicht so verhalten hätten, wie wir es getan haben. Aber können wir uns da wirklich so sicher sein?

Tatsächlich ist Sonja, die ihren Mann eines anderen wegen verlassen hatte, heute wieder mit ihrem ursprünglichen Partner zusammen. Nach dem Bruch eine neue gemeinsame Basis zu finden war schwierig, sagt sie, jedoch: »Wir haben durch die Erfahrung zu einem tieferen, ehrlicheren Zusammensein gefunden. Ich kann mir vorstellen, dass, hätte ich mich damals nicht von ihm getrennt, wir heute nicht auf diese Weise zusammen sein könnten. Ich hätte wahrscheinlich immer das Gefühl gehabt, etwas verpasst zu haben, wenn ich dieser ganz tiefen Sehnsucht meines Herzens nicht gefolgt wäre, und hätte dem anderen Mann immer hinterhergetrauert. So habe ich mehr zu mir selbst gefunden und die Erfahrung gemacht, wie es ist, ein Risiko einzugehen, großes Glück und große Trauer zu erleben und daran zu wachsen.«

Verstehen kann man das Leben nur rückwärts, sagte der dänische Philosoph Søren Kierkegaard, aber leben muss man es vorwärts. Es bleibt uns nichts anderes übrig, als mit dieser Ungewissheit Frieden zu schließen. Die folgende Geschichte erzählt davon, wie wenig wir im Voraus wissen können, wie sich etwas weiterentwickeln wird, das wir im ersten Moment als Glück oder Unglück betrachten.

WER WEISS DAS SCHON?

Im alten China lebte einst ein armer alter Bauer, dessen einziger Besitz ein wundervoller weißer Hengst war. Selbst der Kaiser träumte davon, dieses Pferd zu besitzen. Er bot dem Alten Säcke voller Gold und Diamanten, doch der schüttelte beharrlich den Kopf und sagte: »Der Schimmel dient mir seit vielen Jahren und ist mir zum Freund geworden. Und einen Freund verkauft man nicht; nicht für alles Geld der Welt.« Und so zogen die Gesandten des Kaisers unverrichteter Dinge wieder ab.

Die Dorfbewohner lachten über so viel Unvernunft. Wie konnte der Alte bloß wegen eines Pferdes so viel Reichtum und Glück ausschlagen?

Eines Morgens war das Pferd verschwunden. Die Dorfbewohner liefen aufgeregt vor dem leeren Stall zusammen, um das Unglück des alten Bauern zu beklagen. »Sag selbst, Alter, hat sich deine Treue gelohnt? Du könntest ein reicher Mann sein, wenn du nicht so eigensinnig gewesen wärst. Jetzt bist du ärmer als zuvor. Kein Pferd zum Arbeiten und kein Geld zum Leben. Ach, das Unglück hat dich schwer getroffen.«

Der alte Bauer wiegte nachdenklich den Kopf und sagte: »Das Pferd steht nicht mehr im Stall, das ist alles, was ich sehe. Vielleicht ist es ein Unglück, vielleicht auch nicht.

Wer weiß das schon so genau?« Tuschelnd gingen die Leute auseinander. Der Alte musste durch den Schaden wirr im Kopf geworden sein, anders ließen sich seine Worte nicht erklären.

Einige Tage später, es war ein warmer, sonniger Frühlingstag und das halbe Dorf arbeitete in den Feldern, stürmte der vermisste Schimmel laut wiehernd die Dorfstraße entlang. Die Sonne glänzte auf seinem Fell, und die Mähne und der Schweif flatterten wie feinste Silberfäden im Wind. Es war ein herrlicher Anblick, wie er voller Kraft und Anmut dahergaloppierte.

Doch das war es nicht allein, was die Dörfler die Augen aufreißen ließ. Noch mehr Staunen riefen die sechs wilden Stuten hervor, die hinter dem Hengst hertrabten und ihm in die offene Koppel neben dem leeren Stall folgten.

»O du glücklicher, von den Göttern gesegneter Mann! Jetzt hast du sieben Pferde und bist doch noch zum reichen Mann geworden. Bald wird Nachwuchs deine Weiden füllen. Wer hätte gedacht, dass dir noch einmal so viel Glück beschieden wäre?«, riefen sie, während sie dem alten Mann zu seinem unverhofften Reichtum gratulierten.

Der Alte schaute gelassen in die aufgeregte Menge und erwiderte: »Ihr geht zu weit. Sagt einfach: Jetzt hat er sieben Pferde. Ob das Glück oder Unglück bringt, niemand weiß es zu sagen. Wir sehen immer nur einzelne Momente, wie will man da das Ganze beurteilen. Das Leben ist so unendlich vielfältig und überraschend.«

Verständnislos hörten ihm die Leute zu. Die Gelassenheit des Alten war einfach unbegreiflich. Andererseits war er

schon immer etwas komisch gewesen. Na ja, sie hatten andere Sorgen.
Der alte Bauer lebte mit seinem einzigen Sohn zusammen. In den folgenden Wochen begann dieser, die Wildpferde zu zähmen und einzureiten. Er war ein ungeduldiger junger Mann, und so setzte er sich schon früh auf eine der wilden Stuten. Dabei stürzte er so unglücklich vom Pferd, dass er sich beide Beine mehrmals brach. Obwohl die Heilerin ihr Bestes tat, war allen klar, dass seine Beine nie wieder gesund werden würden. Für den Rest seines Lebens würde er ein hinkender Krüppel bleiben.
Wieder versammelten sich die Leute vor dem Haus des Alten. »O du armer alter Mann!«, jammerten sie. »Nun entpuppt sich dein Glück als großes Unglück, dein einziger Sohn, die Stütze deines Alters, ist nun ein hilfloser Krüppel und kann dir keine Hilfe mehr sein. Wer wird dich ernähren und die Arbeit tun, wenn du keine Kraft mehr hast? Wie hart muss dir das Schicksal erscheinen, das dir solches Unglück beschert.«
Wieder schaute der Alte in die Runde und antwortete: »Ihr seid vom Urteilen besessen und malt die Welt entweder schwarz oder weiß. Habt ihr noch immer nicht begriffen, dass wir nur Bruchstücke des Lebens wahrnehmen? Das Leben zeigt sich uns nur in winzigen Ausschnitten, doch ihr tut, als könntet ihr das Ganze beurteilen. Tatsache ist, mein Sohn hat beide Beine gebrochen und wird nie wieder so laufen können wie vorher. Lasst es damit genug sein. Glück oder Unglück, wer weiß das schon.«
Nicht lange danach brach ein Krieg aus. Das ganze Dorf war von Wehklagen und Trauer erfüllt, denn alle wussten,

dass die meisten Männer nicht mehr heimkehren würden. Wieder einmal liefen die Dorfbewohner vor dem Haus des alten Bauern zusammen: »Wie recht du hattest. Jetzt bringt dein Sohn dir doch noch Glück.«
Der Alte schaute nachdenklich in die verstörten Gesichter der Leute. »Könnte ich euch nur helfen, weiter und tiefer zu sehen, als ihr es bisher vermögt. Wie durch ein Schlüsselloch betrachtet ihr euer Leben, und doch glaubt ihr, das Ganze zu sehen. Niemand von uns weiß, wie sich das große Bild zusammensetzt. Was eben noch ein großes Unglück scheint, mag sich im nächsten Moment in Glück wandeln, und umgekehrt gilt das Gleiche. Sagt einfach: Unsere Männer ziehen in den Krieg, und dein Sohn bleibt zu Hause. Was daraus wird, weiß keiner von uns. Und jetzt geht nach Hause und teilt die Zeit miteinander, die euch bleibt.«

Humor hilft!

Die Angst vor Fehlern und Misserfolgen macht uns eng, angespannt und raubt uns Lebensfreude und Energie. Wunderbare Vorbilder und Inspiration für einen anderen Umgang bieten Clowns. Denn sie sind Meister darin, Erfahrungen von Scheitern in etwas zu verwandeln, über das man lachen und staunen kann.

Die Heilkraft des Lachens

Ein Clown ohne ein Problem hat ein Problem, sagt der Clown-Ausbilder Michael Stuhlmiller. Schließlich braucht es in einer Clownsnummer immer etwas, was schiefgeht, und der Clown zeigt uns, wie wir, statt in einer solchen Problemlage ängstlich zu erstarren, die Krise durch Lust und Neugier mitgestalten und umdeuten können: *Wer die Perspektive eines Clowns einnimmt, wird zum Akrobaten des Scheiterns.*

Dabei ist der Humor eines echten Clowns niemals zynisch oder verächtlich, sondern immer erfüllt von Mitgefühl und dem Wissen um den Abgrund menschlicher Verwicklungen. Der Clown-Therapeut und Theatermann Johannes Galli wurde selbst zum Dialyse-Patienten. Diese Erfahrung verwandelte er in eine Bühnenshow – mittlerweile blind und im Rollstuhl, macht sich Galli über den Klinikalltag und vor allem sich selbst lustig. »Es ist ein Lachen, das befreit und heilt, weil es aus tiefster Freude und einem inneren Verständnis für gemeinsame menschliche Schwächen kommt«, heißt es in seinem Buch *Clown: Die Lust am Scheitern.*[24]

Um mit mehr Leichtigkeit durchs Leben zu gehen, wird oft geraten, sich selbst nicht so ernst zu nehmen, doch wie macht man das genau? Der Autor und Journalist Roland Rottenfußer ermutigt, sich öfter mal als freundlich-humorvoller Beobachter seiner eigenen Lage zu betätigen, statt sich völlig mit dem zu identifizieren, was geschieht. Dann wird es möglich, sich durch Humor liebevoll ein Stück weit von seinem eigenen Schicksal zu distanzieren und es dadurch leichter zu nehmen. Ein radikales Beispiel bietet der Räuberhauptmann Matthias Kneißl, der bei seiner Hinrichtung gesagt haben soll: »Der Tag fängt schon gut an.«[25]

Wenn wir die Perspektive des Clowns einnehmen, können wir auch unseren Perfektionsanspruch loslassen: »Sobald der Mensch sein Scheitern aus tiefstem Herzen annimmt, und das schafft er nur mit dem eigenen inneren Clown, hat er jederzeit die Chance eines kraftvollen Neubeginns«, meint Johannes Galli.

Stellen Sie sich daher öfter vor, Sie hätten eine rote Nase auf. Allein durch dieses vorgestellte Utensil eröffnen Sie sich eine riesige Spielwiese: Wer ein Clown ist, kann sich freimachen von der Angst zu scheitern oder sich zu blamieren, kann »Ja!« sagen zu all seinem Unperfektsein und seine vermeintlichen Schwächen als eigentliches Potenzial erkennen.

4

Aufstehen und weitergehen

> »Worin bist du gut?, fragte ich sie & sie sagte: Hauptsächlich im Leben. Ich funktioniere am besten bei Sachen, die eine hohe Toleranz für Fehler haben.«
>
> *Brian Andreas*

Gibt es so etwas wie Fehler überhaupt?

Der amerikanische Mediator und Kommunikationsexperte Marshall Rosenberg vertritt eine radikale Perspektive. Aus seiner Sicht gibt es so etwas wie Fehler überhaupt nicht: »Du hast noch nie etwas falsch gemacht und wirst auch nie etwas falsch machen. Du wirst dich höchstens aufgrund dessen, was du jetzt gerade lernst, das nächste Mal für etwas anderes entscheiden.«[26]

Landläufig gesehen, ist das natürlich eine sehr steile Behauptung. Doch der mittlerweile verstorbene Begründer der sogenannten Gewaltfreien Kommunikation (GfK) war sich sicher: Die Motivation für *alles,* was wir sagen und tun, sind unsere Bedürfnisse. Jedes menschliche Verhalten ist der (meist unbewusste) Versuch, sich mit den gerade zur Verfügung stehenden Mitteln ein positives Bedürfnis zu erfüllen. All unsere Handlungen, all unsere Entscheidungen, alles, was wir sagen, ist aus dieser Sicht eine Strategie, die wir einschlagen, um zu etwas beizutragen, was wir brauchen. Das, was wir gemeinhin als Fehler bezeichnen, ist also schlicht und ergreifend das Beste, was uns zu einem bestimmten Zeitpunkt angesichts der Perspektive, der Ressourcen und der Umstände, die uns gerade zur Verfügung standen, einfiel, um ein wichtiges Bedürfnis zu erfüllen. Leider gelingt das eben oft nicht besonders gut, oder unsere Strategie führt dazu, dass andere unserer Bedürfnisse – oder die anderer Menschen – auf der Strecke bleiben.

Was habe ich denn versucht, mir zu erfüllen?

Im letzten Kapitel war von Stefan die Rede, der eine Liebschaft mit einer Arbeitskollegin begonnen hatte, in deren Folge seine Ehe zerbrach. Stefan hat sich lange für sein Tun verurteilt: »Ich konnte mich selbst überhaupt nicht verstehen. Wie hatte ich für eine flüchtige Affäre meine Familie aufs Spiel setzen können? Auch wenn ich mein Tun und dessen Resultate heute weiterhin zutiefst bedaure, hat mir der Blick aus der Bedürfnisperspektive sehr geholfen. Denn wenn ich genau hinschaue, gab es in mir damals eine so große Sehnsucht nach Lebendigkeit und danach, mich selbst wieder zu spüren. Zwischen mir und meiner Ex-Frau bestand zwar eine tiefe Liebe, aber wir waren über den ganzen Stress des normalen Familienlebens, der Arbeit und so weiter derart in eine Routine verfallen, dass wir uns überhaupt nicht mehr als Liebespaar gespürt haben.« Dass die Arbeitskollegin ihm ihr erotisches Interesse signalisierte, ließ in Stefan eine Vitalität wach werden, die er lange schon nicht mehr gespürt hatte. »Wenn mir damals klarer gewesen wäre, worum es mir tief drinnen wirklich ging, dann hätte ich mich vielleicht mit meiner Frau auf den Weg machen können, das Funkeln und die lebendige Verbindung wieder zum Vorschein zu bringen, die uns verloren gegangen waren. Wie gesagt, das ändert nichts daran, dass ich mir zutiefst wünsche, ich hätte nichts mit der Kollegin angefangen, und dass es mir unendlich wehtut, was ich meiner ganzen Familie damit angetan habe. Aber es hilft mir, dass ich mich selbst besser verstehen und mir damit auch ein Stück weit verzeihen kann. Und es zeigt mir, wie wichtig es ist, mehr in mich reinzuhören und zu schauen, was ich brauche, damit ich in der Tiefe glücklich und zufrieden sein kann. Mich selbst darüber zu zerfleischen bringt ja auch niemandem etwas. Ich möchte lieber jetzt, so gut ich kann, für meine Kinder da sein.«

Es geht also bei dieser Betrachtungsweise nicht darum, die Strategien zu verteidigen, die wir wählen. Denn natürlich gibt es Strategien, die uns oder anderen schaden. Doch wenn wir uns die hinter unseren Strategien liegenden Bedürfnisse bewusst machen, kommen wir heraus aus einer Haltung, in der wir uns ständig für uns selbst schämen oder schuldig fühlen müssen. Handlungen, Entscheidungen oder Worte, die wir im Nachhinein bereuen, brauchen wir dann nicht mehr darauf zurückzuführen, dass an uns etwas falsch, schlecht, böse oder sogar sündhaft wäre, wie es in der abendländischen Tradition oft gesehen wurde und wird. Stattdessen können wir beginnen, Verständnis für uns selbst aufzubringen, und zugleich Verantwortung für unser Handeln übernehmen.

So wird der von Rosenberg angesprochene Lernprozess leichter möglich: ***Wenn wir sehen, dass das, was wir tun oder getan haben, uns schmerzt –***

weil es nämlich gegen einen unserer eigenen Werte und eines unserer Bedürfnisse verstößt –, dann können wir uns aufgrund dessen das nächste Mal leichter für etwas anderes entscheiden. Eine Sichtweise, in der wir Entscheidungen oder Handlungen jedoch einfach in Richtig und Falsch einteilen oder als Fehler klassifizieren, führt Rosenbergs Erfahrung nach dazu, dass Menschen sich schuldig fühlen, statt daraus zu lernen und sich das nächste Mal für Strategien zu entscheiden, die weniger schmerzliche Auswirkungen haben.

ÜBUNG

Ein neuer Blick aus der Bedürfnisperspektive

Denken Sie an etwas, wofür Sie sich selbst kritisieren oder was Sie als Fehler empfinden. Was haben Sie wohl versucht, sich damit zu erfüllen? Welche Bedürfnisse lagen Ihrer Entscheidung, Ihrem Verhalten oder Ihren Worten zugrunde? Wozu haben Sie in der Tiefe wirklich versucht beizutragen?

Macht es einen Unterschied für Sie, wenn Ihnen klar wird, wofür Sie versucht haben zu sorgen?

Bedürfnisse: Was alle Menschen brauchen

Autonomie
Freiheit, Selbstbestimmung, Respekt

Würde und Sinn
Sinnhaftigkeit des Tuns, »Bedeutung« der eigenen Arbeit, Sinn des Lebens, Ziele haben, Selbstwert, Kreativität, Authentizität

Körperliche Bedürfnisse
Luft, Wasser, Bewegung, Nahrung, Schlaf, gesunder Abstand, Unterkunft, Wärme, Gesundheit, Kraft, Lebenserhaltung

Integrität
Authentizität, Einklang, Übereinstimmung mit eigenen Werten, Identität, Individualität, Selbstentfaltung, die eigenen Ziele, Träume und Werte wählen

Sicherheit
Schutz, Klarheit, Abgrenzung (sich abgrenzen dürfen/ können), Privatsphäre, Struktur

Entspannung
Erholung, Ausruhen, Spiel, Leichtigkeit, Ruhe, Loslassen, freie Zeit, zweckfreies Tun

Verbindung

Wertschätzung, Nähe, Zugehörigkeit, Liebe, Intimität, Unterstützung, Ehrlichkeit, Gemeinschaft, Geborgenheit, Rücksichtnahme, Kontakt, Akzeptanz, Austausch, Offenheit, Vertrauen, Freundschaft, Achtsamkeit, Aufmerksamkeit, Toleranz, Zusammenarbeit

Geistige Bedürfnisse

Harmonie, Inspiration, Schönheit, Transzendenz/sich eingebunden erleben in etwas Größeres, »Ordnung«, (innerer) Friede, Freude, Humor, Abwechslungsreichtum, Ausgewogenheit, Glück, zu dem beitragen, was dem Leben dient

Entwicklung

Beitrag, Wachstum, Anerkennung, Feedback, Ziele erreichen, Fehler machen dürfen, Gelingen, Kreativität, sein dürfen, wer ich bin, Effektivität, Kompetenz, Lernen, Feiern, Individualität, trauern dürfen, Engagement

Bedürfnisse sind …

- **universell:** Alle Menschen haben die gleichen (jedoch nicht immer zur selben Zeit und im selben Maß).
- **positiv:** Bedürfnisse sind etwas, was zur Schönheit des Lebens beiträgt.
- **abstrakt:** Bedürfnisse sind keine konkreten Handlungen und unabhängig von bestimmten Orten, Zeiten oder Personen.

»Es läuft nicht so, wie du es geplant hast. Aber dies ist dein Leben. Du bist immer noch hier. Horch! Da kommt etwas Neues.«

Jack Kornfield

Die Schönheit der Schrammen

Vor seiner Ernennung zum Zen-Lehrer war Edward Espe Brown viele Jahre lang Koch in einem großen Meditationszentrum. Dort kochte er für all die Menschen, die ihren Weg in die Stille suchten. Doch bewegende Einsichten finden nicht nur in der Meditationshalle statt, wie Brown feststellte, sondern können sich auch einstellen, während man, wie Brown es eines Tages tat, versonnen die Teekannen in den Regalen unter der Küchendecke betrachtet. Es waren einfache Aluminium-Teekannen, die in großer Zahl für Kursbesucher bereitstanden, die sich in den Pausen auf einen heißen Tee freuten. Wenn die Tische abgeräumt und die Kannen zurück in die Küche gebracht wurden, packten die Abräumenden oft mit jeder Hand zwei oder sogar drei am Henkel, wobei die ausladenden Bäuche der Kannen aneinanderschlugen.

Durch den jahrelangen Gebrauch waren die Behälter mittlerweile sehr zerschrammt und hatten Beulen bekommen. »Wenn ich die Teekannen im Regal betrachtete«, berichtet Brown, »empfand ich eine gewisse Kameradschaft: So bin ich auch – verbeult, verfärbt, ausgelaugt. Und doch spürte ich, während ich sie ansah, noch etwas anderes: stille Würde, tiefe Vergebung, die Bereitschaft weiterzumachen. ›Meine Lieblinge‹, dachte ich dann, ›wenn ihr das könnt, kann ich das auch.‹ Inspirationen tauchen an den seltsamsten Stellen auf ... Wir alle werden vom Leben gezeichnet – von Enttäuschungen und Frustrationen, Ärger und Erschöpfung. Trotzdem finden wir irgendwie die Kraft weiterzumachen. Und manchmal den Mut, etwas zu ändern.«[27]

Die Würde, von der Brown spricht, kann in uns wachsen, wenn wir beginnen, zu unseren Schrammen zu stehen. Wenn wir aufhören zu glauben, wir müssten sie verstecken. Wenn wir unsere Narben wie ein Krieger, eine Kriegerin tragen, als Auszeichnung für die Kämpfe, die wir bestanden haben. Die buddhistische Lehrerin Pema Chödrön nennt Menschen, die sich unerschrocken auf den Weg der Wachheit und der Wahrheit machen, spirituelle Krieger und Kriegerinnen. Zu Beginn meinen wir vielleicht, diese Narben würden uns entstellen.

Doch das kann man auch ganz anders sehen. Edward Espe Brown fährt fort:
»Neulich fragte mich meine Freundin Patti, ob ich wüsste, was *sincere* (engl.: aufrichtig, ehrlich) genau bedeutet. Sie hatte endlose Stunden an einer Skulptur gearbeitet, die irgendwann in Bronze gegossen werden sollte. ›Nein‹, erwiderte ich, ›erzähl mir, was *sincere* für eine Bedeutung hat.‹ Ihre Erklärung lautete, dass das *sin* dem französischen *sans* entspräche und *ohne* bedeutet und dass *cere* Wachs heiße. Aufrichtig zu sein heißt also, ohne Wachs zu sein, Wachs, mit dem man alle Dellen und Kratzer, alle Abschürfungen und Rillen abdecken kann, alle Stellen, die wir glauben verbergen zu müssen. Aufrichtig zu sein bedeutet, aus einem Stück zu sein – und alle Unvollkommenheiten sind zu sehen. Die Furchen und Rillen sind Teil der Schönheit.«

Flicken aus Gold

Bruchstellen nicht zu verstecken, sondern sie stattdessen sogar in den Mittelpunkt zu rücken, wird in der japanischen Kunstform des Kintsugi oder »Goldflickens« praktiziert. Zerbrochene Schüsseln, Teller oder Tassen werden nicht weggeworfen, sondern die Scherben aufgesammelt und mit goldenem Lack neu geklebt. Anstatt den Makel zu vertuschen, hebt das Edelmetall ihn besonders hervor. Was vorher ein schlichter Gebrauchsgegenstand war, verwandelt sich durch die vergoldeten Klebestellen in ein Kunstwerk, das in derselben Weise kein zweites Mal hergestellt werden kann: in etwas ganz Einzigartiges.

Wenn wir Kintsugi auf unser Leben übertragen, erkennen wir, dass wir die Brüche in unserem Leben, unsere Schrammen und Narben nicht verstecken müssen, dass es uns schöner und einzigartiger macht, wenn wir die Spuren, die das Leben hinterlässt, würdigen. Etwas bricht, fällt auseinander, ja, das gehört zum Leben. Kintsugi ist nicht zufällig in Japan entstanden, wo die Zen-Philosophie tief in der Kultur verankert ist. Zen betont, dass Leben ständige Veränderung ist, dass es seine Kostbarkeit gerade auch seiner Verletzlichkeit verdankt. *Wie wir auf unsere eigene Lebensgeschichte und unsere »Fehler« schauen, entscheidet darüber, ob wir einen Makel sehen oder etwas, was zu uns gehört, vielleicht sogar eine wunderbare Besonderheit.*

Eine ähnliche Haltung findet sich auch im japanischen Ästhetik-Konzept des *Wabi Sabi* wieder, in dem es darum geht, die Schönheit im Vergänglichen, im Nicht-Perfekten zu erkennen: »Nicht die offenkundige Schönheit ist das Höchste, sondern die verhüllte, nicht der unmittelbare Glanz der Sonne, sondern der gebrochene des Mondes.«[28] Anders als das eher im Westen hochgehaltene Schönheitsideal der Perfektion erkennt und feiert Wabi Sabi die Schönheit unvollkommener, vergänglicher und unvollständiger Dinge und liefert uns damit vielleicht eine Perspektive, die unserer menschlichen Unzulänglichkeit eher entspricht.

»There is a crack in everything. That's how the light gets in. – In allem gibt es einen Riss. So kommt das Licht herein.«

Leonard Cohen

Eine spirituelle Dimension

Unsere Wunden können das Tor sein für tiefe Veränderung und Wachstum. Die Zen-Lehrerin Joan Halifax bezeichnet Erfahrungen des Scheiterns daher auch als »heilige Katastrophe«: etwas, was das Herz aufbricht.

Natürlich wollen wir so etwas nicht durchmachen. Und natürlich kann niemand, der die Erfahrung gemacht hat, dass sich eine solche Katastrophe im Lauf der Zeit in einen Segen verwandelt, diese Einsicht einfach an einen anderen weitergeben, der mittendrin steckt. Aber vielleicht ist es doch denkbar, diese Perspektive als mögliche Sichtweise zuzulassen: dass Leid und Schmerz Dünger sein können für Weisheit, Wandlung und Weitung unseres Herzens. Schwester Annabel vom Europäischen Institut für angewandten Buddhismus meint dazu: »Auf einem spirituellen Pfad lernen wir, Leid nicht zurückzuweisen, sondern uns darum zu kümmern, sodass es zu dem Kompost wird, aus dem etwas Wunderbares wachsen kann. So wie ein organischer Gärtner den Gartenabfall nicht verbrennt oder wegwirft, sondern ihn zu Kompost verwandelt, so schauen wir auf unser Leid als eine Quelle von Transformation und Glück.«[29]

Weil sich alles immer wieder verändert

Eine Möglichkeit, wie ein Erleben von Scheitern, von Fehlschlägen oder Krisen zu einer solchen Transformationsquelle werden kann, ist, dass sie uns vor Augen führt, was im Buddhismus als Erste Edle Wahrheit bezeichnet wird: Wir werden so lange leiden, wie wir glauben, Dinge wären dauerhaft, würden sich nicht verändern, sich nicht auflösen, und wir könnten uns felsenfest auf etwas Äußeres verlassen. Wenn Dinge dann vergehen, sich verändern, vielleicht aufgrund einer Fehlentscheidung auseinanderfallen, suchen wir jemanden, der daran Schuld hat – seien es wir selbst, eine andere Person, die Politik oder das ungerechte Schicksal. *Jemand hätte das verhindern können!* Im Kleinen mag das vielleicht stimmen – vielleicht hätte das Ende der Beziehung zwischen Stefan und seiner Frau zu diesem Zeitpunkt verhindert werden können, hätte Stefan nicht eine Affäre mit seiner Kollegin begonnen. Doch in jedem Fall wird sie eines Tages enden, und sei es mit dem Tod. Das ist schlicht und ergreifend die Realität der Dinge, wie sie auf dieser Welt laufen. Alles verändert sich ständig, macht die Meditationslehrerin Pema Chödrön klar, und wir leiden, wenn wir glauben, wir könnten das verhindern: »Wenn die Dinge über uns zusammenbrechen, dann ist das eine Prüfung und gleichzeitig ein Heilungsprozess. Wir glauben, es ginge darum, die Prüfung zu bestehen und das Problem zu überwinden, aber in Wirklichkeit gibt es gar keine Lösung. Die Dinge kommen zusammen und fallen wieder auseinander. Dann kommen sie wieder zusammen und fallen wieder auseinander. So einfach ist es. Die Heilung stellt sich ein, wenn wir allem Geschehen Raum lassen: Raum für Trauer, Raum für Linderung, Raum für Elend, Raum für Freude.«[30]

Immer wieder werden wir im Leben Entscheidungen treffen, weil wir uns sicher sind, dass es das Richtige ist, aber wir können schlicht und ergreifend nicht wissen, wie etwas ausgehen wird. Hinterher schelten wir uns dann dafür, dass wir einen schrecklichen Fehler begangen haben. Und doch haben wir meist einfach mit den uns in diesem Moment zur Verfügung stehenden Informationen das Beste gemacht, was wir gerade tun konnten. Pema Chödrön konstatiert in ihrer lakonisch-mitfühlenden Art und Weise: ***»So ist das Leben. Wir wissen nichts. Wir sagen, etwas sei gut oder schlecht. Aber in Wirklichkeit wissen wir nichts.«***[31] ***Eine spirituelle Perspektive ist eine, die diesem Nicht-Wissen Raum gibt, die sich erlaubt, die »heilige Katastrophe« geschehen zu lassen, weil wir es ohnehin nicht kontrollieren können.*** Oder, wie Jon Kabat-Zinn es in Anlehnung an den Lebenskünstler Alexis Sorbas aus dem gleichnamigen Roman und Film formuliert: indem wir uns darauf einlassen, die ganze Katastrophe zu leben – *full catastrophe living*. Der Achtsamkeitspionier erzählt: »Als ich zum ersten Mal der Metapher von der ›ganzen Katastrophe‹ begegnet bin, ahnte ich, dass in ihr etwas Positives zum Ausdruck kommt: die

Fähigkeit des menschlichen Geistes, mit dem zurechtzukommen, was am schwersten im Leben ist, und darin noch Raum zur Entwicklung von Kraft und Weisheit zu finden … Auf unserem Erdball hat letztlich jeder von uns seine eigene Version der ganzen Katastrophe zu bestehen.«[32]

Wachsen wie ein Bambus

Eine vietnamesische Nonne schenkte mir einmal ein Bild, das mich seither begleitet und mich in schweren Zeiten immer wieder getröstet hat. Bei unserem Gespräch über etwas sehr Schmerzliches in meinem Leben saßen wir zusammen an einem Bambushain. Die hohen, ebenso starken wie flexiblen Bambusstangen bewegten sich neben uns sachte im Wind. Mit ihren zarten Fingern lenkte die kahl geschorene Frau mit den vielen Lachfältchen um die Augen meinen Blick auf die Verdickungen, die in regelmäßigen Abständen an den kräftigen Halmen zu sehen waren. Unser Leben, so meinte sie, gleicht einem Bambus. Es gibt Zeiten, da wachsen wir entspannt und frohgemut nach oben. Das Leben erscheint uns leicht, und wir sind guter Dinge. Und dann kommen harte Zeiten. Dinge gehen schief, das Leben fühlt sich wie ein Albtraum an. Das, meinte sie, sind die Verdickungen der Bambusstangen. Es ist, als müssten wir durch diese Verdickungen hindurchwachsen. Das ist schmerzhaft und anstrengend, doch sind es genau diese Knoten, die dem Bambus seine Stabilität verleihen. Würde er immer nur höher und höher nach oben wachsen, ohne die Knoten, so würde er vom nächsten Sturm einfach umgeweht.

Schauen wir auf unser Leben zurück und fragen uns, woran wir am meisten gelernt haben, wodurch wir am meisten gewachsen sind, so sind es oft gerade die schwierigen Zeiten, die unsere größten Lehrer waren: »Wenn wir das Paradox begreifen, dass das, was wir in unserem Leben am meisten schätzen, oft durch Konflikt und Mühsal entstanden ist, dann können wir ahnen, dass wir unsere Schwierigkeiten eines Tages vielleicht annehmen und schätzen werden, auch wenn dieser Tag nicht der heutige ist.«[33]

Es gibt Zeiten in unserem Leben, da stecken wir mitten in einer solch schwierigen Wachstumsphase, mitten in einem Bambusknoten. Auch wenn wir es uns nicht recht vorstellen können, so wird die Zeit kommen, wo wir durch ihn hindurchgewachsen sind und wo wir gerade aufgrund dieser Erfahrung mit mehr Stabilität, innerer Reife und vielleicht auch einer neuen Wertschätzung für uns und das Leben weitergehen werden.

Zum Weiterlesen

Brähler, Christine: *Selbstmitgefühl entwickeln. Freundlicher werden mit sich selbst*. München: Scorpio 2012

Chödrön, Pema: *Wenn alles zusammenbricht. Hilfestellung für schwierige Zeiten*. München: Goldmann 2001

Kornfield, Jack: *Das innere Licht entdecken. Heilende Meditationen für schwierige Lebensphasen*. München: Kösel 2012

Löhndorf, Andrea: *Kintsugi. Die Kunst, schwierige Zeiten in Gold zu verwandeln*. München: Scorpio 2019

Mayer, Heike: *Achtsam leben. Das kleine Einmaleins für ein Leben im Hier und Jetzt*. München: Scorpio 2012

Quellenhinweise

Autorin und Verlag ist es wichtig, Urheberschaft und geistiges Eigentum anzuerkennen und zu schützen und Wertschätzung denen gegenüber auszudrücken, die ihre Ideen mit anderen geteilt haben. Jedoch verbreitet sich die Vielzahl an wunderbaren Übungen, Formulierungen und anderen Inspirationen in der Welt der Achtsamkeit und inneren Entwicklung über vielerlei Wege, und es ist daher manchmal schwer möglich, die UrheberInnen von Übungen oder die Fundstelle von Quellen ausfindig zu machen. Der Verlag bittet gegebenenfalls um Nachricht, damit in einer Nachauflage eine korrekte Quellenangabe erfolgen kann. Danke!

1 Frese, M., Tschischka, A.: »Fehler sind nicht falsch.« *Report Psychologie, 39*(9) 2014, 338–340

2 Wüstenhagen, C.: »Die Kunst des Scheiterns.« *DIE ZEIT*, 11.6.2013, online unter https://www.zeit.de/zeit-wissen/2013/04/kunst-scheitern-fehler-machen

3 Diesen Gedanken führt Rick Hanson in vielen seiner Schriften aus, unter anderem auf https://www.rickhanson.net/overcoming-negativity-bias/

4 Wolffheim, F.: »Lebst du schon? Oder bist du noch perfekt?« *Stern*, 13.3.2015, online unter https://www.stern.de/gesundheit/warum-uns-perfektionismus-alles-andere-als-gluecklich-macht-5937362.html

5 Auf ihrer LinkedIn-Seite online unter https://www.linkedin.com/pulse/so-entwickeln-sie-eine-fehlertolerante-lernkultur-anne-m-schüller

6 Nach Brahm, A.: *Die Kuh, die weinte. Buddhistische Geschichten über den Weg zum Glück.* München: Lotos 2006, S. 34, leicht verändert

7 Wüstenhagen, C.: »Die Kunst des Scheiterns.« *DIE ZEIT,* 11.6.2013, online unter https://www.zeit.de/zeit-wissen/2013/04/kunst-scheitern-fehler-machen

8 Charf, D.: *Auch alte Wunden können heilen.* München: Kösel 2018

9 Kornfield, J.: *Das innere Licht entdecken. Heilende Meditationen für schwierige Lebensphasen.* München: Kösel 2012, S. 13

10 https://www.mindful.org/science-practice-staying-present-difficult-times/

11 Interview mit Robert Seethaler in *Chrismon,* 21.12.2018, online unter https://chrismon.evangelisch.de/artikel/2018/42241/robert-seethaler-ueber-lebenskrisen-scham-und-loechrige-socken

12 Der gesamte Text findet sich unter http://oneness24.de/2017/schuld-oder-lieber-reue

13 Leicht verändert nach Brach, T.: *Mit dem Herzen eines Buddha. Heilende Wege zu Selbstakzeptanz und Lebensfreude.* München: O.W. Barth 2012, S. 322; bzw. van den Brink, E., Koster, F.: *Mitfühlend leben. Mit Selbst-Mitgefühl und Achtsamkeit die seelische Gesundheit stärken.* München: Kösel 2013, S. 174

14 Brach, T.: *Mit dem Herzen eines Buddha,* S. 324

15 Nach einem Vortrag von Thich Nhat Hanh, gehalten in Plum Village, 10.5.1998, nachzulesen auch unter https://mettarefugedharmanuggets.blogspot.com/2011/11/thich-nhat-hanh-and-soldier-who.html

16 van den Brink, E., Koster, F.: *Mitfühlend leben,* S. 177

17 Brähler, C.: *Selbstmitgefühl entwickeln. Liebevoller werden mit sich selbst.* München, Scorpio 2015

18 Neff, K., Germer, C.: »Freundlich sein zu sich selbst: Die Wissenschaft des Selbstmitgefühls« in dem frei verfügbaren E-Book *Mitgefühl in Alltag und Forschung,* online unter http://www.compassion-training.org/

19 Ebd.
20 Neff, K.: *Selbstmitgefühl. Wie wir uns mit unseren Schwächen versöhnen und uns selbst der beste Freund werden*. München: Kailash 2012
21 Weininger, B.: *Heartwork. Der Weg zu Selbstmitgefühl.* München: Scorpio 2018
22 van den Brink, E., Koster, F.: *Mitfühlend leben*, S. 110
23 Knapp, N.: *Der unendliche Augenblick: Warum Zeiten der Unsicherheit so wertvoll sind*. Reinbek, Rowohlt 2015, S. 18
24 Galli, J.: *Clown. Die Lust am Scheitern*. Wiesbaden: Galli Verlag 2007
25 Blogeintrag: https://compassioner.com/allgemein/unbeholfenheit-als-weg-humor-weitet-die-seele/
26 Dieser Satz wird oft im Zusammenhang mit Marshall Rosenberg zitiert, eine tatsächliche Fundstelle ist allerdings nicht zu ermitteln. Jedoch stimmt der Satz mit seiner in seinen Büchern und Seminaren vermittelten Haltung zutiefst überein.
27 Brown, E. E.: *Das Lächeln der Radieschen*. München: dtv 2007, S. 124
28 Aus dem Wikipedia-Eintrag zu Wabi Sabi
29 Sr. Annabel im Vorwort zu Thich Nhat Hanh: *Du bist ein Geschenk für die Welt. Achtsam leben jeden Tag*. München: Kösel 2010 (ohne Seitennummerierung)
30 Chödrön, P.: *Wenn alles zusammenbricht, Hilfestellung für schwierige Zeiten*. München: Goldmann 2001, S. 25
31 Ebd., S. 26
32 Zitiert in Löhmer, C., Standhardt, R.: *MBSR – Die Kunst, das ganze Leben zu umarmen*. Stuttgart: Klett-Cotta 2014, S. 7
33 Kornfield, J.: *Das innere Licht entdecken*, S. 24